C.H.BECK  WISSEN

in der Beck'schen Reihe

Apachen, Navajos, Sioux und Crow zählen zu den bekanntesten der vielen Indianerstämme Nordamerikas. Dieses Buch beschreibt ihre lange und am Ende tragische Geschichte, die stets Interessierte gefunden und die Literatur angeregt hat. Ein Schwerpunkt liegt auf der materiellen und geistigen Kultur der Indianer, Alltagsleben und gesellschaftlichem Aufbau, religiösen Mythen und Gebräuchen. Die Autoren fassen neuestes Wissen über das Leben im Amerika vor Kolumbus zusammen und schlagen einen Bogen bis zur Eroberung des Kontinents durch weiße Siedler und der damit verbundenen Zerstörung der indianischen Kultur. Im letzten Kapitel wird über das heutige Leben in den Reservaten sowie die rechtliche, politische und soziale Lage der Indianer berichtet.

Werner Arens, Dr. phil. habil., lehrte Anglistik an der Universität Regensburg und von 1992 bis 1998 Amerikanistik als Professor an der Universität Stuttgart.

Hans-Martin Braun, Dr. phil., lehrt Anglistik an der Universität Paderborn. Beide sind ausgewiesene Kenner der nordamerikanischen Indianer und ihrer Geschichte.

Werner Arens
Hans-Martin Braun

DIE INDIANER NORDAMERIKAS

Geschichte, Kultur, Religion

Verlag C. H. Beck

Mit drei Karten

Originalausgabe
© Verlag C. H. Beck oHG, München 2004
Gesamtherstellung: Druckerei C. H. Beck, Nördlingen
Umschlagabbildung: Karl Bodmer, ‹Pachkaab-Saehkoma-Poh›,
Joslyn Art Museum, Omaha, Nebraska
Umschlagentwurf: Uwe Göbel, München
Printed in Germany
ISBN 3 406 50830 8

www.beck.de

Inhalt

I. Einleitung

Immer wieder wurden die Indianer Nordamerikas als aussterbende Rasse bezeichnet. Wer dennoch Krankheit, Krieg und Vertreibung überlebte, den würde, so glaubte man, der Schmelztiegel Amerika zu einem Weißen machen. Umso größer war dann das Erstaunen, als die letzten Volkszählungen einen starken Anstieg des indianischen Bevölkerungsanteils in den USA zeigten. Bezeichneten sich 1960 erst 523 000 Amerikaner als Indianer, so waren es 1990 bereits über 2 Millionen. Zu erklären ist diese Vervierfachung nur als Ergebnis eines neu erwachten Selbstbewusstseins, das seine indianischen Wurzeln nicht länger verleugnete. Der Versuch, die Ureinwohner Amerikas auszulöschen oder zu Weißen zu machen, war gescheitert.

Wer über die europäische Geschichte der frühen Neuzeit schreibt, kann sich zahlreicher Quellen bedienen, in denen die geschichtlich Handelnden selber zu Wort kommen. Im Falle der indianischen Völker Nordamerikas stammen historische Quellen so gut wie nie von ihnen selber, sondern von Europäern; sie enthalten, wenn überhaupt, nur verzerrt die indianische Sicht der Dinge. Auch archäologische Funde geben nur begrenzt Auskunft über Geisteshaltung und Welteinstellung eines Volkes. Daher ist es im Grunde unmöglich, aus den vorhandenen Quellen den indianischen Standpunkt zu ermitteln. Vor dem gleichen Problem stehen auch indianische Autoren. Hier und da finden sich heute zwar noch Überreste indianischer Traditionen, doch der Großteil der Mythen und Geschichten, der Sitten und Riten der indianischen Völker ist mit der erzwungenen Übernahme der weißen Kultur und dem gleichzeitigen Verlust der eigenen Sprache verloren gegangen. Dort, wo die Mythen und Geschichten dennoch aufgezeichnet wurden, taten dies weiße Ethnologen, und noch dazu in der Regel auf Englisch. Auch hier liegt nur bedingt eine «indianische» Quelle vor.

Die Folge ist, dass man über die indianische Kultur und Geschichte Nordamerikas nicht aus der Sicht der historisch handelnden indianischen Völker schreiben kann; das wäre selbst
indianischen Autoren nicht möglich. Dieses Buch versucht daher, die offensichtlich europäische Perspektivierung der Quellen
möglichst außer Betracht zu lassen.

Der Vielfalt und dem Reichtum indianischer Kulturen – in
vorkolumbianischer Zeit lebten etwa 1000 indianische Völker
in Nordamerika – und ihrem Schicksal beim Zusammenprall
mit den europäischen Siedlern auch nur annähernd gerecht zu
werden, ist kaum möglich. Was Amerika vor Kolumbus angeht,
so konzentrieren wir uns auf jene Phasen, die markante Zivilisationen hervorgebracht haben. In den Kapiteln über Kultur
und Religion der Indianer beschränken wir uns auf die wesentlichen Grundmuster. Die Geschichte der indianisch-weißen Beziehungen beschreibt anhand des Schicksals einiger heraus-
ragender Stämme, wie sich die Übernahme Nordamerikas
durch weiße Siedler auf die indianischen Völker ausgewirkt hat.
Im Abschnitt »Die Indianer heute« gilt es, vor allem jene Faktoren darzustellen, welche die rechtliche, politische und soziale
Lage der heutigen amerikanischen Indianer entscheidend beeinflussen.

2. Amerika vor Kolumbus

Die Vorgeschichte Amerikas liegt im Ungewissen. Wir wissen
weder, wann die ersten Menschen den Doppelkontinent besiedelten, noch haben wir genauere Kenntnisse über die Kultur, die
diese Menschen mitbrachten. Vieles, was wir bisher für gesichert
gehalten haben, ist durch neue archäologische Funde und den
Einsatz neuer Untersuchungsmethoden ins Wanken geraten.

So hat die Überzeugung, dass die ersten Einwanderer vor
circa 12 000 Jahren über eine eisfrei gewordene Landbrücke
nach Amerika kamen, lange Zeit unangefochten Gültigkeit besessen. Funde, die sie hätten erschüttern können, ließen sich

nicht exakt genug datieren. Und neue Hilfsmittel – wie etwa die Genetik – standen noch nicht zur Verfügung.

Man hielt diese Zeitangabe für wahrscheinlich, weil während der Eiszeit die Zunahme der Vergletscherung den Meeresspiegel um 80 bis 120 Meter hatte absinken lassen, so dass Asien und Amerika über eine Landbrücke verbunden waren. Eine geschlossene Eisdecke versperrte jedoch Mensch und Tier den Zugang. Erst mit dem Abschmelzen dieser Eisdecke entstand ein Korridor östlich der Rocky Mountains, auf dem erste Einwanderer aus Sibirien ihrer Hauptnahrungsquelle, den ebenfalls einwandernden Mammuts und Mastodons, folgen konnten.

In jüngerer Zeit häufen sich Hinweise, die auf eine frühere Besiedlung schließen lassen – und zwar nicht durch Großwildjäger, sondern durch Fischer, die mit kajakähnlichen Fellbooten Fisch- und Robbenbeständen folgten und so in die Inselwelt Alaskas und Britisch-Kolumbiens vordrangen. Mögliche Siedlungen dieser ersten Einwanderer liegen heute zumeist unter Wasser. Dennoch sind an der Westküste Amerikas von Alaska über Kalifornien bis hin nach Peru und Chile sehr frühe Siedlungsreste einer Fischfang treibenden Bevölkerung gefunden worden. Selbst die bei Monte Verde in Südchile ausgegrabene Ansiedlung liegt in Meeresnähe und ist wenigstens 12 500 Jahre alt, das heißt 1300 Jahre älter als die bisher für am ältesten gehaltenen Siedlungsstätten Nord- und Südamerikas.

Anlass für die Vermutung einer noch früheren Besiedlung ist die Sprachenvielfalt innerhalb der Urbevölkerung Amerikas. Selbst heute noch gibt es etwa 60 Sprachfamilien, die so wenig miteinander verwandt sind wie in Europa die des Indoeuropäischen und des Finno-Ugrischen. Zu einer so extremen Aufspaltung habe es nur im Laufe eines Zeitraums von etwa 40 000 Jahren kommen können. Solche Annahmen aber sind spekulativ, denn Sprachenvielfalt lässt sich auch als Ergebnis einer Besiedlungsstruktur deuten, die gekennzeichnet ist durch kleine, kaum miteinander in Kontakt stehende Populationen.

Neu sind Datierungen mit Hilfe der Genetik. Sie versucht, anhand der Mutationsrate der menschlichen DNS eine Art Kalender aufzustellen, der anzeigt, wann welches vorgeschichtliche

Ereignis stattgefunden haben könnte. Sie untersucht zum einen die DNS der Mitochondrien, der Energielieferanten der Zellen, die nur von der Mutter an die Kinder vererbt wird, zum anderen die DNS des Y-Chromosoms, das nur in der männlichen Linie weitergereicht wird. Die Ergebnisse weisen auf eine Einwanderung hin, die vor eindeutig mehr als 12 000 Jahren stattgefunden haben muss.

I. Steinzeitliche Großwildjäger

Genauere, wenn auch immer noch sehr geringe Kenntnisse besitzen wir über die materielle Kultur der Großwildjäger der Steinzeit, der sogenannten Clovis-Leute. Sie hatten sich nach 9600 vor Christus über den gesamten nordamerikanischen Kontinent ausgebreitet und erhielten ihren Namen nach besonders geformten Speerspitzen, die 1931/32 bei Clovis im östlichen Neumexiko entdeckt worden waren. Speer- und Lanzenspitzen dieser Art wurden fast immer zusammen mit den Knochen des Südmammut und des langhornigen Altbison gefunden, so dass man lange Zeit glaubte, die Mitglieder dieser Kultur hätten so gut wie ausschließlich von der Großwildjagd gelebt. Doch es handelte sich bei ihnen um eine Sammler- und Jägerkultur, die von allem lebte, was die Natur bot, eben auch Großwild, dessen Knochen länger überdauerten als die Skelette kleinerer Tiere.

Großwildjäger-Kulturen gab es auch in Europa und in Asien, so dass man von einem Kontinente übergreifenden Kulturkomplex sprechen kann. Doch finden sich die von den Clovis-Jägern benutzten Speerspitzen nur in Amerika. Eine ebenfalls von den Paläoindianern Nordamerikas entwickelte Waffe ist der Atlatl, mit dessen Hilfe man Speere zielgenau über größere Entfernungen schleudern konnte. Experimente haben ergeben, dass ein mit dem Atlatl geworfener Speer Großwild töten konnte.

Eine heftige Diskussionen ist darüber entbrannt, ob die Clovis-Jäger und ihre Nachfahren schuld seien am Aussterben fast der gesamten Großtierfauna Amerikas. Entscheidend dafür dürfte jedoch nicht der Mensch, sondern der mit dem Ende der Eiszeit einhergehende Klimaumschwung gewesen sein. Zusätzlicher Jagddruck wird den Vorgang beschleunigt haben. Auffällig jedenfalls ist, dass weltweit mit dem Ende der Eiszeit ein Großtiersterben einsetzte. Ihm fielen durchaus nicht alle großen Tiere zum Opfer. Ausschlaggebend für das Überleben einer Art wird letztlich ihre Anpassungsfähigkeit gewesen sein.

2. Archaische Bisonjäger

Der Übergang von der paläoindianischen zur archaischen Zeit um 6000 vor Christus ging für die Betroffenen unmerklich vonstatten. Sie lebten nach wie vor von der Jagd, wenn auch nun vornehmlich auf kleinere Tiere. Sie sammelten weiterhin Früchte, Wurzeln und Wildpflanzen. Sie zogen in nomadischen Kleingruppen umher und trafen sich ein- oder zweimal im Jahr mit ihren Stammesgenossen. Dann suchten sie sich einen Partner, feierten, tauschten Neuigkeiten aus, lauschten den Stammesmythen, gaben ihr Wissen weiter und gingen wieder auseinander.

Die im Archaikum eingeführten technischen Veränderungen hatten vor allem mit der Bisonjagd zu tun. Die Speere erhielten gekehlte Spitzen, so dass man sie besser am Speerschaft befestigen konnte. Erst vor etwa 1500 Jahren wurden Pfeil und Bogen eingeführt, und beide Waffenarten waren noch Jahrhunderte nebeneinander in Gebrauch.

Am stärksten wandelten sich im Archaikum die Jagdmethoden, wobei neue die alten ergänzten, ohne sie je völlig zu verdrängen. Man trieb nun Bisonherden auf Abgründe zu, in denen sie zu Tode stürzten. Neueren Datums ist vermutlich die Technik, die Tiere mitten im Winter in einen Hinterhalt zu treiben, eine Geländevertiefung etwa, um sie dann von oben zu erlegen. Man benutzte den herrschenden Dauerfrost zur Konservierung und lebte vom Erlegten, so lange die Kälte anhielt. Im mittleren Archaikum vor etwa 5000 Jahren ging man dazu über, das Bisonfleisch durch Trocknen, Zerstoßen und Beimengen von Fett und manchmal auch Früchten als Pemmikan zu konservieren. Die so erzielte Masse wurde von heißem, geschmolzenem Bisonmark umgeben, in eine Bisonhaut genäht und platt getreten; so war sie über Jahre haltbar.

Ferner begann man, Pferche aus Stein- und Erdwällen anzulegen, in die man die Bisons trieb. Daraus entstanden zu Anfang der Neuzeit aus Baumstämmen bestehende Gehege, ähnlich den noch heute gebräuchlichen Corrals.

Erst in jüngerer Zeit veränderte sich das Leben in den Prärien grundlegend. Zunächst zogen zwischen 800 und 1300 Sioux sprechende Stämme aus dem östlichen Waldland dorthin und gründeten feste Siedlungen an den westlichen Nebenflüssen des Mississippi, wo sie von Ackerbau und Jagd lebten. Wirklich revolutioniert wurde das Leben in den Prärien erst im 18. Jahrhundert, und zwar durch den Erwerb von Pferden. Sie verliehen Mobilität, machten größere Jagdgebiet zugänglich und erlaubten dem gesamten Stamm, den Bisonherden überall hin zu folgen. Später kamen Schusswaffen hinzu, wodurch sich zwar die Jagdausbeute, nicht jedoch die Jagd- und Lebensweise grundlegend veränderte. Bei kriegerischen Auseinandersetzungen sollte sich ihr Besitz allerdings als großer Vorteil erweisen.

3. Erste Ackerbauern

Seit etwa 6500 Jahren wird in Mittelamerika Ackerbau betrieben, wobei zunächst Mais, Bohnen und Kürbisse angebaut wurden. Die aus Europa und Asien bekannte Domestizierung von Vieh war in Amerika selten, weil sich die dort lebenden Wildarten kaum dafür eigneten. Zu den wenigen Ausnahmen zählen das Lama, der Truthahn und vor allem der Hund.

Bereits vor etwa 5000 Jahren wurde im Südwesten der heutigen USA vereinzelt Ackerbau betrieben, doch bestritten die dort lebenden Völker ihren Lebensunterhalt immer noch primär als Sammler und Jäger. Erst der Einsatz ausgeklügelter Bewässerungstechniken erlaubte es etwa den Hohokam, den Vorfahren der heutigen Pima, auf Dauer sesshaft zu werden und intensiveren Landbau zu betreiben. So lebten sie von circa 300 vor bis 1450 nach Christus als recht erfolgreiche Ackerbauern in einem Gebiet zwischen dem heutigen Flagstaff, Arizona, und der mexikanischen Grenze. Sie legten in den Flussniederungen Kanäle und Stichkanäle an, durch die sie das Wasser auf ihre Äcker leiteten; sie bauten Terrassen und sammelten das ablaufende Regenwasser von den Hängen in einem komplexen Grabensystem, das die Terrassenfelder durchzog. Das von ihnen angelegte Bewässerungssystem hatte eine Länge von über 1200 Kilometern und bewässerte ein Gebiet von etwa 10 000 Hektar. Ihre Kultur konnte auf diese Weise über mehr als 1500 Jahre in marginaler, wüstenähnlicher Umgebung überdauern.

Ihr Hauptnahrungsmittel war der Mais, doch bauten sie auch Bohnen und Kürbisse an; ferner kultivierten sie Baumwolle, deren Samen sie aßen und deren Fasern sie zu Garn verspannen. Sie häufelten die Erde auf und legten Bohnen-, Mais- und Kürbissamen hinein, eine Praxis, die sich bis zu den Huronen Kanadas ausbreiten sollte. So schützten sich die Pflanzen gegenseitig gegen Schädlinge und dienten einander als Nährstofflieferanten und Schattenspender. Die einzigen Geräte, die bei der Feldarbeit zum Einsatz kamen, waren Grabstöcke und Hacken, an denen ein flaches, scharfkantiges Stück Fels oder Knochen zum Auflockern der Erde befestigt war.

Über das geistige und kulturelle Leben der Hohokam ist weit mehr bekannt als über das der Clovis-Leute. Da sie sesshaft waren, liegt eine Vielzahl von Funden vor; doch auch in ihrem Fall muss aus materiellen Überresten auf das geistige Leben geschlossen werden, was Irrtümer und Fehldeutungen begünstigt.

Aus Mittelamerika übernahmen die Hohokam ein Ballspiel, das rituellen Charakter hatte und ein rechteckiges Spielfeld benötigte, von denen über 200 nachgewiesen sind. Zudem gab es oben abgeflachte Pyramidenanlagen, ähnlich denen in Mittelamerika und im Mississippi-Gebiet, die ebenfalls zu rituellen und zeremoniellen Zwecken genutzt wurden. Die Toten wurden verbrannt und zusammen mit dem persönlichen Besitz in Urnen beigesetzt. Unter den im Südwesten lebenden Völkern waren die Hohokam aufgrund ihrer Kontakte zu den Zivilisationen Mittelamerikas am weitesten fortgeschritten, wenn sie auch, was die Komplexität des städtischen und kommunalen Lebens angeht, von den Anasazi übertroffen wurden.

Wenngleich die Archäologen nicht genau wissen, was zum Untergang der Hohokam-Kultur geführt hat, so spricht doch vieles dafür, dass die im 12. Jahrhundert herrschende Dürre und die im folgenden Jahrhundert auftretenden Überschwemmungskatastrophen zu Missernten führten und das Kanalsystem schädigten, was den Hohokam die Lebensgrundlage nahm. Als die Spanier Ende des 17. Jahrhunderts in dieses Gebiet kamen, fanden sie die Pima vor, die aus den Überresten der Hohokam-Kultur eine neue Zivilisation aufgebaut hatten.

4. Die Anasazi

Die nordöstlichen Nachbarn der Hohokam waren die Anasazi, «die Alten», wie die Navajos sie nannten angesichts der vielen Ruinen, die sie bei ihrer Ankunft im Südwesten vorfanden. Sie sind die Vorfahren der heutigen Pueblo-Indianer und die ersten Städtebauer Nordamerikas, «Stadtindianer», wie moderne Indianer sie stolz nennen.

Die frühen Anasazi, von den Anthropologen «Korbmacher» genannt, waren Trockenbauern, das heißt, sie pflanzten vor allem Mais und Kürbis an, ohne die Pflanzen zu bewässern. Kleinwild sowie Wildpflanzen und -früchte wurden ebenfalls als Nahrungsquellen genutzt. Die Korbmacher lebten wie die frühen Hohokam in nur von oben zu betretenden, runden Grubenhäusern, aus denen sich später die vornehmlich kultischen Zwecken dienenden Kivas entwickelten.

Der Korbmacher-Periode folgten ab 750 die Pueblo-Phasen der Anasazi-Kultur. In ihnen trat neben den Trockenackerbau eine auf Bewässerungskanälen basierende «Intensiv»-Landwirtschaft, die eine größer gewordene Bevölkerung ernähren konnte. Ferner begannen die Anasazi, auch oberirdisch zu bauen, wobei sie gleichsam aus dem Nichts eine höchst anspruchsvolle Architektur entwickelten. Sie verschmolzen ineinander verschachtelte Wohnhäuser zu über fünf Stockwerke sich erstreckenden Hochhausanlagen, deren berühmteste Beispiele sich im Canyon de Chelley (Arizona), im Pueblo Bonito des Chaco Canyon (Neumexiko) und in Mesa Verde (Colorado) finden.

Unter ihnen bietet Pueblo Bonito eine Besonderheit, denn Archäologen haben keinerlei Hinweis darauf gefunden, dass die gewaltige, 800 Räume umfassende Anlage von einer größeren Zahl Menschen bewohnt wurde. Die Vermutung, es habe sich um ein Speicherzentrum für Notzeiten gehandelt, hat wenig für sich, da auch die Umgebung kaum besiedelt war. Auffällig aber ist das breit ausgebaute Straßennetz, das sich von Pueblo Bonito in alle Richtungen bis tief nach Mexiko hinein erstreckt, ohne dass man sicher wüsste, wozu diese Straßen dienten. Manches spricht dafür, dass es sich hier um ein Zeremonialzentrum der Anasazi handelte, ein Pilgerzentrum, in dem vielleicht nur die Priesterschaft dauerhaft wohnte. Die Tatsache, dass der Chaco Canyon ein Zentrum für die Verarbeitung von Türkisen zu Sakralschmuck war, verstärkt diese Vermutung.

Eines der Hauptsiedlungsgebiet der Anasazi befand sich in Mesa Verde, einem von Canyons durchzogenen Hochplateau nördlich des Chaco Canyon. Hier lebten die Anasazi zunächst auf dem Plateau nahe der Felder, begannen aber ab 1150, ihre Siedlungen in die zahlreichen natürlichen Felsöffnungen der Canyonwände zu verlegen. Unter solchen Überhängen entstanden Siedlungen in Form von Wohnblocks von bis zu 200 Räumen mit den dazugehörigen Speichern und Kivas, die sämtlich bewohnt waren beziehungsweise genutzt wurden.

Solche Felssiedlungen finden sich im gesamten Siedlungsraum der Anasazi. Die Entstehungsgründe sind unklar. Einige sind zudem durch hohe Mauern geschützt, so dass man zunächst vermutete, feindliche Stämme seien in das Gebiet eingedrungen, etwa die aus Nordwestkanada kommenden Apachen und Navajos. Doch beginnt deren Ankunft im Südwesten erst später. Erschwert wird eine Erklärung zudem dadurch, dass etwa in Mesa Verde die Besiedlung des Plateaus nie ganz aufgegeben wurde. Der einleuchtendste Grund mag sein, dass es aufgrund langer Dürreperioden zu internen Spannungen unter den Anasazi kam, zu einem Kampf um Anbaugebiete und Vorräte. Extreme Dürre zwang sie schließlich, gegen 1300 die nördlichen Gebiete aufzugeben und weiter nach Süden und Osten an den Rio Grande und den Pecos zu ziehen. Dort leben ihre Nachfahren heute noch.

5. Cahokia und die Mississippi-Kultur

Um 700 erhob sich am mittleren Mississippi eine neue Kultur, deren religiöses und politisches Zentrum Cahokia im südlichen Illinois, nahe St. Louis, lag. Die Mississippi-Kultur besitzt Züge, die der Zentralmexikos um seine Hauptstadt Teotihuacan eigen waren. Am auffälligsten sind die Pyramidenanlagen, von denen sich allein in Cahokia mehrere Hundert finden. Im gesamten Bereich der Mississippi-Kultur gibt es Tausende. Oben abgeflacht, boten sie Raum für Tempel, Zeremonialplätze und die Häuser der Herrschenden. Monksmound, die Mönchspyramide, so genannt, weil sich Trappisten im 18. Jahrhundert auf ihr niedergelassen hatten, besaß mit einer Kantenlänge von 200 × 300 Metern und einer Höhe von über 30 Metern gewaltige Ausmaße. Ihre Errichtung weist 14 Bauphasen auf und dauerte über 200 Jahre. Selbst die kleineren Pyramiden erforderten einen hohen Einsatz an menschlicher Arbeitskraft, denn die benötigte Erde musste Korb für Korb heran und hinauf geschafft werden.

Eine der kleineren Pyramiden Cahokias diente einem Häuptling als Grab. Sein Totenkleid war mit 12 000 Perlen aus Muschelschalen verziert, neben ihm lagen Pfeilspitzen, geglättete Steine und Gegenstände aus Glimmer, zudem die Gebeine von zwei Gefolgsleuten, sechs weiteren Männern und 53 Frauen – «Grabbeigaben», die mexikanische Vorbilder haben.

Das Gebiet der Mississippi-Kultur erstreckte sich den Mississippi und seine Nebenflüsse entlang von Illinois bis hinunter nach Alabama. In ihm lagen zahlreiche palisadenbewehrte Städte, von denen Cahokia mit rund 10 000 und Moundville, Alabama, mit circa 4000 Einwohnern die größten waren. Auf dem Lande entlang der Flüsse gab es zahllose Dörfer und Weiler, in denen Ackerbauern lebten. Ferner existierte ein ausgedehntes Handelsnetz, das sich bis nach Kanada, in die Prärien und bis hinunter an den Golf von Mexiko erstreckte.

In Cahokia konzentrierten sich beachtlicher Reichtum und wirtschaftliche Macht. Es besaß das Monopol auf Salz und Feuerstein, zwei der wichtigsten Rohstoffe der Steinzeit. Mit diesem Reichtum ging die Entwicklung eines komplexen politischen Systems und religiöser Riten einher. Herrschaftsinstitution war das Häuptlingstum, in dem eine Elite über eine große Zahl gemeiner Bürger herrschte. Die gewöhnliche Bevölkerung lebte in strohgedeckten Lehmhäusern um die zeremoniellen Herrschaftszentren herum, trieb Handel, arbeitete auf den Feldern, wurde zu kommunaler Arbeit und zu Kriegsdiensten herangezogen. Wer sich dabei hervortat, konnte in die herrschende Klasse aufsteigen und deren Privilegien genießen.

Ursächlich für den Niedergang Cahokias um 1450 waren Übervölkerung, Ressourcenknappheit, Spannungen zwischen den einzelnen Städten und zwischen Städten und Umland sowie klimatische Veränderungen, besonders Überschwemmungen. Die gleichzeitig einsetzende Zunahme von Palisadenbewehrungen spricht für heftige interne Konflikte. In einigen Fällen waren sogar die Zeremonialzentren in den Städten mit Palisaden umgeben, vermutlich weil es auch zwischen der herrschenden Schicht und dem Volk zu Spannungen gekommen war.

Wie in Mexiko gab es auch bei den Völkern der Mississippi-Kultur Menschenopfer. Sie finden sich auch bei den Natchez, einem Volk, das bis ins 18. Jahrhundert am mittleren Mississippi lebte. Als ihr Herrscher, die «Große Sonne», starb, opferte ein Ehepaar das eigene Kind, damit es mit ihm beigesetzt werde und sie selber in den Adelsstand aufsteigen konnten. Andere Natchez begingen anlässlich des Todes der Großen Sonne rituellen Selbstmord, und die Frauen und die Gefolgsleute der Sonne wurden dazu bestimmt, mit dem Herrscher beigesetzt zu werden. Die Sonne und seine Hauptfrau wurden auf einem Weg, der mit den Leichen kleiner Kinder gepflastert war, zum Tempel getragen; die Gefolgsleute tranken Tabaksud, der sie bewusstlos machte, woraufhin sie von ihren engsten Verwandten stranguliert wurden. Schließlich verbrannte man alle und setzte Große Sonne im Haupttempel bei.

3. Materielle und geistige Kultur

Der Begriff «Kultur» umfasst alle materiellen und geistigen Schöpfungen des Menschen, die nicht genetisch verankert sind. Somit ist alles Kultur, was nicht Natur ist. Diese freilich hat den Menschen dazu befähigt, Kulturwesen zu sein, das heißt, Neues zu schaffen, zu erlernen und weiterzugeben. Die Art der Weitergabe kann dabei durchaus unterschiedlich sein, und eine solche Unterschiedlichkeit ist auch zwischen amerikanisch-europäischer und indianischer Kultur zu beobachten.

Die Europäer besaßen eine Kultur, die auf schriftliche Fixierung zielte: Sie konnte daher nicht nur gelehrt, sondern auch lesend erworben und ohne Vermittler bewahrt werden. Die indianischen Kulturen dagegen kannten die Schrift nicht und waren auf eine andere Methode der Weitergabe von Wissen und Erfahrung im gesellschaftlichen und religiösen Bereich angewiesen: die mündliche Tradierung. Dafür aber brauchte man Menschen, die umfangreiche Kenntnisse in all dem besaßen, was für das Leben der Stammesgemeinschaft wichtig war. Für gewöhnlich waren das die Älteren eines Stammes, was die bis in die Gegenwart reichende besondere Wertschätzung der Stammesältesten (*elders*) erklärt. Mit dem Tod des Wissensträgers erlosch auch sein Wissen, es sei denn, er hatte es vorher weitergegeben. Der große, in den letzten beiden Jahrhunderten, zumal zwischen 1890 und 1970, eingetretene Verlust an indigenem, das heißt im Stamm angehäuftem Wissen, ist eine direkte Folge des von den Weißen absichtlich durch Sprachverbot, Schulzwang und Missionierung herbeigeführten Bruchs dieser Tradierungskette.

Ein weiterer grundlegender Unterschied liegt in der Bedeutung, die dem Wort beigemessen wird. In einer Gesellschaft, die schriftliche Zeugnisse nicht kennt, kommt dem gesprochenen und dem gegebenen Wort nahezu religiöse Bedeutung zu. Verträge, Absprachen und Stammesbeschlüsse wurden oft mit einer religiösen Zeremonie besiegelt, die dem Beschlossenen und Versprochenen letzte Gültigkeit zusprach. Das Interesse der Weißen an Dokumenten und an einer Unterschrift, die den Vertrag besiegelte, erschien den Indianern überflüssig. Für sie war das gegebene Wort mehr wert als ein Stück Papier, für die Weißen dagegen war es das Dokument, durch das ein Vertrag Rechtsverbindlichkeit erlangte.

Am ehesten gibt es bei den indianischen und den weißen Kulturen noch Überschneidungen im Bereich der materiellen Kultur, und zwar bei der Vermittlung handwerklicher Fertigkeiten. Diese erlernte man durch Zuschauen, Nachahmen und Ausprobieren am Objekt. Beide Kulturen haben in diesem Bereich auch ähnlich komplexe Produkte hervorgebracht.

I. Die Kulturregionen

Das Konzept der Kulturregionen beruht auf der Tatsache, dass die in einem Gebiet vorherrschenden Umweltverhältnisse relativ homogene Kulturen hervorgebracht haben, selbst wenn auf engem Raum einige Dutzend Völker lebten wie etwa in Kalifornien. Die üblicherweise unterschiedenen zehn Kulturregionen werden hier kurz vorgestellt, wobei kulturelle Eigenheiten dieser Regionen im Detail unter den systematischen Gesichtspunkten (wie Kleidung, Erziehung et cetera) beschrieben sind.

Die **Arktis**, das heißt die ans Nordpolarmeer angrenzende Küstenregion und die ihr vorgelagerten Inseln einschließlich Grönlands, wurde von Eskimo-Stämmen und dem Volk der Aleuten auf der gleichnamigen Inselkette im Westen Alaskas besiedelt. Das Land war die meiste Zeit des Jahres mit Schnee und Eis bedeckt, bot aber dennoch reichlich Nahrung (Robben und andere Meerestiere, Fische, Vögel); weit schwieriger war die Nahrungsbeschaffung für die von der Karibujagd lebenden Inlandeskimos. Bis auf die Westküste Alaskas, die Aleuten und die Südküste Grönlands war die Arktis nur dünn besiedelt.

Die **Subarktis** umfasst das südlich an die Arktis angrenzende Gebiet im Inneren Alaskas und Kanadas. Der größte Teil der

Die Kulturregionen Nordamerikas

Subarktis ist mit Nadelwald bedeckt, der sich hier und dort mit
Tundra abwechselt. Die Stämme im Westen dieses Gebietes
sprachen athapaskische, die des Ostens algonkinische Sprachen. Sie ernährten sich überwiegend von der Jagd auf Karibus,
Wald-Bisons, Elche und kleinere Tiere. Zunächst lebten sie
an den zahlreichen Flüssen und Seen, wo ihnen das Kanu als
Fortbewegungsmittel diente; die Einführung von Schlitten und
Schneeschuhen machte später auch die riesigen Waldgebiete zugänglich. Die Besiedlungsdichte war ebenfalls extrem dünn.

Das **nordöstliche Waldland** wird eingefasst von den Uferregio-
nen des St.-Lorenz-Stroms im Norden, der Prärie im Westen und
der Nordgrenze Tennessees und Nordkarolinas im Süden. Die
meisten der hier lebenden Völker betrieben Acker- beziehungsweise Gartenbau, wobei eine große Vielfalt von Mais-, Bohnen-
und Kürbissorten angebaut wurde. Nur einige Stämme im Nordwesten wie die Chippewa beziehungsweise Ojibwa zählten zu
den Erntevölkern, das heißt, sie betrieben eine systematische
Wildpflanzenernte (Wildreis). Bei allen in dieser Kulturregion
lebenden Völkern trugen Jagd und an der Küste auch Fischfang erheblich zur Nahrungsbeschaffung bei. Im Westen und
Osten wurden Algonkinsprachen gesprochen, im nördlichen
Zentralgebiet irokesische. Die Bevölkerungsdichte schwankte
sehr stark, am dichtesten war sie entlang des mittleren St.-Lo-
renz-Stroms und der südlichen Atlantikküste.

Das **südöstliche Waldland,** im Westen begrenzt vom Mississippi, erstreckt sich als Mischwaldgebiet von der Südgrenze
Virginias und Kentuckys bis an den Atlantik und den Golf
von Mexiko. Es war hauptsächlich besiedelt von den «Fünf
Zivilisierten Völkern», von denen die Choctaw, Chickasaw,
Creek und Seminolen Muskogisch, die Cherokesen dagegen
eine irokesische Sprache sprachen, sowie von den Natchez,
deren Sprache keiner der großen Sprachfamilien angehörte.
Neben dem Ackerbau, dessen Rückgrat der Mais bildete, trugen auch die Jagd, das Sammeln von Wildpflanzen und der
Fischfang zur Ernährung bei. Im Gegensatz zu den Gesellschaften des nördlichen Waldlandes besaßen die Häuptlinge und die
Priesterschaft dieser Region sehr große Machtbefugnisse. Die

Besiedlungsdichte war für nordamerikanische Verhältnisse sehr hoch.

Kennzeichnend für die **Prärien und Plains,** die sich vom Waldland im Osten bis zu den Rocky Mountains im Westen und von Zentraltexas bis tief nach Kanada hinein erstreckten, ist extreme Baumarmut und das Vorherrschen von Grassteppe. Die Amerikaner teilen die Prärie oft in zwei Gebiete ein, die eigentliche, tiefer gelegene und mit Langgras bewachsene Prärie im Osten und die mit kürzerem Gras bestandenen und höher gelegenen Plains im Westen. In der Zeit vor Ankunft des Pferdes waren nur die Gebiete an den Flussläufen dauerhaft besiedelt, und zwar von sesshaften, Bodenbau treibenden Völkern wie den Pawnee, Mandan und Arikara. Die Prärien und die Plains waren Heimat vieler Millionen Bisons, die nach der Ankunft des Pferdes zur ökonomischen Basis der nomadisierenden Stämme wie der Sioux, Crow, Comanchen oder Blackfoot wurden. Stärker besiedelt waren die Prärien nur entlang der Flussläufe.

Das nicht sehr dicht besiedelte **Columbia-Plateau** umfasst das Gebiet zwischen dem Kaskadengebirge im Westen und dem Felsengebirge im Osten, seine südliche Grenze bildet das Große Becken, seine nördliche die Nebenflüsse des Fraser-River in Britisch Kolumbien. Im Norden findet sich Nadelwald, im Süden Trockensteppe. Die Bewohner gehörten den Sprachgruppen der Sahaptin (Nez Perce, Cayuse) und der Binnensalish an (Yakima, Modoc, Spokane, Okanagon, Flathead unter anderen). Lachs bildete das Hauptnahrungsmittel. Daneben jagte man auch Elche, Bären, Rotwild, Bergziegen und -schafe. Im 18. Jahrhundert hielt mit der Ankunft des Pferdes auch die Bisonjagd und der nomadische Lebensstil der Prärieindianer Einzug ins Plateau.

Als das **Große Becken** bezeichnet man das gesamte Gebiet, das von Gebirgszügen des Felsengebirges eingeschlossen wird und keinen Abfluss zum Meer besitzt (Utah, Nevada, Teile Kaliforniens, Oregons, Idahos und Wyomings). Das Land ist karg und wüstenähnlich und war extrem dünn besiedelt; seine uto-aztekischen Bewohner (etwa die Schoschonen, Ute und Paiute) lebten in Kleingruppen ohne politische Organisation und ernährten sich hauptsächlich von Wurzeln (die sie ausgruben, weswegen man sie auch *digger Indians* nannte), der Jagd auf Kleintiere (Kaninchen, Mäuse, et cetera) und der Suche nach Beeren und Nüssen (vor allem Piniennüssen). Erst die Ankunft des Pferdes erlaubte die Jagd auf größere Tiere.

Der **Südwesten**, ein mit Wüsten und Halbwüsten durchsetztes Gebiet, umfasst das heutige Neumexiko und Arizona. Die dortigen Indianer waren Farmer, von denen die Pueblo-Stämme in stadtähnlichen Siedlungen lebten. Südlich von ihnen betrieben die Pima und Papago recht erfolgreich eine auf Bewässerung basierende Felderwirtschaft. Die im 14. oder 15. Jahrhundert aus dem Nordwesten Kanadas zugewanderten athapaskischen Navajos und Apachen übernahmen den Ackerbau und lebten zudem von der Jagd (vornehmlich die Apachen) und von der Schafzucht (die Navajos). Die Besiedlungsdichte war vor allem am Rio Grande und seinen Nebenflüssen sehr hoch.

Das Kulturareal **Kalifornien** umfasst den Teil des amerikanischen Kalifornien, dessen Flüsse sich in den Pazifik ergießen. Trotz seiner geringen Größe war es die Heimat vieler kleiner Stämme, die sehr verschiedenen Sprachfamilien angehörten. Kalifornien bot einen Überfluss an Fischen, Tieren und Pflanzen, was der Grund dafür sein mag, dass seine Bewohner keinen Bodenbau betrieben. Sie lebten in festen Siedlungen, verließen diese aber immer wieder für kürzere Ernte- oder Jagdexpeditionen. Kalifornien war neben der südlichen Nordwestküste das am dichtesten besiedelte Gebiet Nordamerikas.

Die **Nordwestküste** reicht vom südlichen Alaska bis nach Oregon. Die verschiedenen Sprachfamilien angehörenden Bewohner standen in Kulturaustausch mit asiatischen Völkern und lebten primär vom Fang von Meeres- und Flussfischen; sie waren geschickte Wal- und Robbenfänger und wohnten in festen Siedlungen in großen Plankenhäusern. Wegen seines Nahrungsreichtums war dieser Küstenstrich ähnlich dicht besiedelt wie der Kaliforniens.

2. Nahrungsbeschaffung

Jagen, Fischen und Sammeln sind Kulturtechniken zur Sicherung des Lebensunterhalts. Zwar haben die Ureinwohner Nordamerikas den größten Teil ihres Nahrungsbedarfs mit Wildpflanzen bestritten, doch betrachtete man die Jagd als eine wichtigere Beschäftigung, prestigeträchtiger war sie in den Prärien allemal. Speerspitzenfunde belegen für die Neue Welt, dass die Jagd dort bereits vor über 9000 Jahren ausgeübt wurde, nahezu überall, besonders in Gebieten wie Alaska und Kanada und den Prärien zwischen Felsengebirge und Mississippi. Ackerbau wurde vor Ankunft der Weißen bereits in mehr als der Hälfte der Kulturregionen betrieben. Auflistungen haben ergeben, dass die Zahl der damals genutzten Tier-, Fisch- und Pflanzenarten weit über 2500 lag. Diese Tatsache belegt den hohen Kenntnisstand der Ureinwohner Amerikas, der ausschließlich durch die tägliche Erfahrung mit der Ernährungsbasis erworben werden konnte.

Die Jagd. Wildbret galt fast überall als Lieblingsgericht. Freilich wurde Großwild schon wegen der gewonnenen Fleischmenge bevorzugt: Bison in den Prärien, Karibu in den subarktischen Gebieten, außerdem Elch, Hirsch, Antilope und Bär. Die Eskimos und die Indianer der Nordwestküste machten Jagd sowohl auf Meeressäuger wie auf Landtiere. Natürlich lohnte die Jagd auf Großwild auch wegen der begehrten Nebenprodukte: So dienten die Häute als Kleidung und zur Abdeckung von Tipis und Wickiups, wurden Knochen zu Nadeln, Werkzeugen und Waffen verarbeitet, eigneten sich Sehnen als Fäden, Schnüre und Bänder. Aus Haaren wurden Polster und Schmucksachen gefertigt, aus Geweihen machte man Projektilspitzen und Griffe, Hufe und Hörner kochte man so lange auf, bis daraus ein brauchbarer Klebstoff geworden war.

Als klassische Jagdwaffen galten Pfeil und Bogen, Wurfspeer und Steinschleuder; die Keule wurde zwar bei der Jagd auf Robben und (bei den Pueblos) auf Kaninchen benutzt, diente aber – wie das Kriegsbeil, der Tomahawk – eher kriegerischen Zwecken. Der Bogen bestand im östlichen Waldland meist nur aus biegsamem, federndem Holz (bis 1,2 m lang); in Alaska wurde der Holzbogen mit Sehnen umwickelt, bei den Prärie-Indianern bestand er meist aus Holz und Knochen oder Horn, bei den Eskimos auch aus Walfischrippen. Die Pfeile wurden mit Federn versehen, um ihnen den nötigen Drall für einen zielgenauen Flug zu verleihen. Das Blasrohr für Pfeil oder Tonkugel, mit denen man Kleintiere wie Eichhörnchen und Vögel erlegte, fand sich im Südosten und bei den Irokesen im Nordosten; das Wurfholz (etwa 40–50 cm lang), vergleichbar dem Atlatl, gab es vornehmlich im hohen Norden und im äußersten Süden. Die bis in den äußersten Süden des Doppelkontinents verbreitete Bola, eine Wurfleine mit meist drei an Sehnenschnüren befestigten Steinen oder Knochen, war eine Erfindung der Inuit und wurde als Schleuder hauptsächlich bei der Vogeljagd eingesetzt. Holz- oder Lederschilde dienten der Abwehr und Verteidigung.

Was die Jagdmethoden betrifft, so versuchte man grundsätzlich, die Tiere zu erlegen oder wenigstens bewegungsunfähig zu machen und sie dann zu töten. Gemeinsame Treibjagden waren üblich. In arktischen und subarktischen Gebieten trieb man Karibus, Elche und Moschusochsen ins Wasser, wo sie leicht vom Boot aus zu erlegen waren. Wenn möglich, legte man Steppenbrände oder Feuerkreise, vor allem natürlich in den Prärien mit ihrem Reichtum an Bisons, doch auch im Südwesten und im Bereich des Großen Beckens. Außerdem wurden Klippenjagden veranstaltet; es gab auch Jagden, bei denen die Tiere in Pferche oder enge Schluchten getrieben und anschließend getötet wurden. Doch mit der Einführung des Pferdes in den Prärien und Plains zwischen dem Ende des 17. Jahrhunderts und etwa 1775 erübrigten sich diese Methoden; man konnte dem Wild nun mühelos folgen. In Britisch Kolumbien wurden Rehwild und Elch mit Netzen gefangen, weiter südlich auch Antilopen; in der Regel dienten Netzfallen allerdings dem Kaninchenfang. Fallgruben und aus herabstürzenden Baumstämmen bestehende Todesfallen brachten Bären und Raubtiere zur Strecke. Kleintiere fing man mit Schlingen. Indianische Jäger verkleideten sich auch mit Hörnern, Tierschädeln oder Tierfel-

len, um sich unbemerkt anschleichen zu können. Außerdem
lockte man durch Imitation von Tierstimmen und Brunftlauten
(mittels Flöten, Grashalmen et cetera) Beutetiere an.

Um den Jagderfolg zu sichern, bedurfte es zusätzlich auch
spirituell begründeter ritueller Handlungen. So legten etwa die
Pueblos Gegenstände in die Fährte eines aufgespürten Tieres,
um es zu bannen und dem Jäger zuzuführen. Weil die Indianer
Neuenglands dem geschwisterlichen Konzept der Gleichheit
aller Geschöpfe folgten, ließen sie, wenn sie einen Bisambau
plünderten, immer genügend Lilienwurzeln zurück, um seinen
Bewohnern das Überwintern zu ermöglichen. Ferner begünstig-
ten an die Geister und den «Herrn der Tiere» gerichtete Gebete
den Jagderfolg. Allerdings wurde diese Achtung vor dem Bruder im Tier später durch die veränderten ökonomischen Bedin-
gungen der Pelzhandelszeit zerstört.

Der Fischfang. Zum Lebensunterhalt trug der Fischfang maß-
geblich an der Nordwestküste bei, war aber auch bedeutend in
der Arktis und Subarktis, im Gebiet der Großen Seen, in Florida
und Maine und rund um den Golf von Mexiko. Generell hing
die Ausbeute von der Höhe der Fischvorkommen, den Fisch-
fangmethoden und der Ausrüstung der Fischer ab. Alles, was
heute an Techniken bekannt ist, wurde auch damals bereits eingesetzt: Wehr und Damm, Falle und Netz, Harpune, Speer und
Angelhaken. Man fing Fische auch mit Hilfe von Gift (im Südosten und in Kalifornien), Pfeil und Schlinge. Walfische wurden
meist mit der Harpune erlegt. Walfänger arbeiteten außerdem
mit Schleppnetzen und Schwimmblasen aus Seehundsfell, die,
an Leinen befestigt, den Zug des abtauchenden Tieres milderten
und gleichzeitig über seinen Standort Auskunft gaben. Am
wirksamsten waren Dämme und Fallen, wenn es sich um Lachs
und Aale handelte, die man auf ihren Wanderungen abfing. See-
löwen und Robben wurden mit der Lanze oder Keule erlegt,
Lachse mit Angelhaken, Netzen oder Reusen. Der Einsatz von
leichten Rindenkanus (in der Subarktis) und Kajaks war beim
Fischfang sehr dienlich, denn sie gestatteten ein fast lautloses
Annähern. Der Fischfang in Seen und Flüssen war insgesamt so

ertragreich, dass er in der Nahrungsbeschaffung hinter der Landwirtschaft den zweiten Platz einnahm.

Die Sammlertätigkeit. Die unspektakulärste Tätigkeit zur Sicherung des Lebensunterhalts, das Sammeln von Wildpflanzen, leistete einen großen Beitrag zur Ernährung, und zwar deshalb, weil die über Jahrhunderte erfolgte Kultivierung der Wildpflanzen zu Nutzpflanzen ohne diese Sammlertätigkeit nicht möglich gewesen wäre und die Landwirtschaft sich nicht zum Hauptsektor der Nahrungssicherung hätte entwickeln können. Daran haben indianische Frauen den größten Anteil, denn ihnen oblag das Sammeln von Pflanzen, Beeren und Nüssen. Man benötigte für diese Tätigkeit keine Werkzeuge, von Grabhölzern und Zangen für stachelige Früchte abgesehen. Dringend nötig waren Behälter – meist Körbe – für den Transport, woraus sich etwa in Kalifornien eine hohe Korbmacherkunst entwickelte. In Regionen wie dem Großen Becken und Kalifornien spielten die Wildpflanzen eine größere Rolle für die Ernährung als Fisch und Fleisch. Überall, mit Ausnahme der Arktis, waren Wildpflanzen wichtig, selbst wenn man aus kulturellen Gründen die Jagd und die Landwirtschaft höher schätzte. Man sammelte Wurzeln und Knollen, Blattgemüse, Samen, Pilze und Nüsse. Aus ursprünglichen Wildpflanzen wurden weltweit geschätzte Nutzpflanzen: Erdnüsse und Mais, (Süß)kartoffeln, Tabak und Maniok.

Der Ackerbau. Der Ackerbau, der bereits für die Zeit um 7000 vor Christus in Mexiko nachgewiesen ist, gelangte zwischen 3500 und 2500 in den Südwesten und machte so die Vorfahren der Pueblo-Indianer und benachbarter Stämme zu den ältesten Landbauern Nordamerikas. Diese neue Kulturtechnik hatte für das Leben der Indianer eine nicht zu unterschätzende Bedeutung: Die Ernährung ließ sich kontrollierter sicherstellen, das spirituelle Leben wurde bereichert, zum Beispiel durch Maskentänze bei der Aussaat und Regentänze in Zeiten der Dürre. Zudem förderte der Ackerbau die Entstehung komplexerer Gesellschaftssysteme.

Obwohl den Indianern weder Pflug noch Zugtier noch Dünger zur Verfügung standen – eine Ausnahme bildete die Asche nach Brandrodung und die Düngung mit Fischen an Teilen der Atlantikküste –, stammten trotzdem drei Viertel der Nahrung zur Zeit der ersten indianisch-weißen Kontakte aus dem manuell betriebenen Landbau, der sich intensiv mit der Kultivierung der Maispflanze befasste. Schon vor Kolumbus wurde der Mais, der ursprünglich aus Puebla in Mexiko kam und dort schon 4000 Jahre vor Christus anzutreffen war, vom Missouri in Norddakota bis weit nach Chile hinunter angebaut.

Der Zusammenhang zwischen der günstigen Ernährungslage im Südwesten und der Entstehung so weit entwickelter Kulturen wie jener der Anasazi, der Hohokam und der Mogollon ist offensichtlich. Neben dem Mais wurden auch Baumwolle, Bohnen und Kürbisse angebaut. Mit den Hohokam begann im Süden Arizonas ein auf künstliche Bewässerung sich stützender Ackerbau. Andere Stämme wie die Cahita am Yaqui, Fuerte und Mayo nutzten überschwemmtes Land als fruchtbaren Pflanzboden. Wo immer es Baum- und Buschbestand gab, praktizierte man Brandrodung. Im östlichen Waldland wurde der Landbau schon um 1000 vor Christus eingeführt. Man züchtete verschiedene Kürbissorten, Sonnenblumen, Holunder und Gänsefuß. Der Mais kam Jahrhunderte später aus dem Südwesten und wurde zusammen mit Sonnenblumen und Kürbis in großen Mengen produziert.

Für die Bodenbearbeitung hatten sich die Indianer einfache Geräte geschaffen. Am nördlichen Missouri benutzte man Holzrechen oder Geweihsprossen bei der Rodung. Hacken mit Holzblättern oder Schulterknochen gab es in den Prärien und im Osten. Im Nordwesten war ein spatenähnliches Holzgerät in Gebrauch, bei den Pueblos und Navajos im Südwesten benutzte man den Pflanzstock. Bei der Feldarbeit gab es eine situationsbedingte Arbeitsteilung. Frauen erledigten den größten Teil der Landarbeiten in den Prärien und in den östlichen Gebieten, während die Männer meist mit der Jagd befasst waren; eine Ausnahme bildeten hier die Ojibwa und einige Stämme in Maine und New Brunswick. Zuständig für die Landwirtschaft

waren bei den Pueblos im Südwesten die Männer; die aus subarktischen Gebieten eingewanderten Navajos machten es den
Pueblos nach. Im Südosten erledigten Männer und Frauen auf
Anordnung der Stadthäuptlinge die Feldarbeit gemeinsam,
während bei den Cherokesen nur die Frauen dafür zuständig
waren. Ebenso war es bei den südwestlichen Apachen; bei den
Jicarilla hingegen teilten sich Männer und Frauen im 19. Jahrhundert die Feldarbeit.

Die von der Regierung Ende des 19. Jahrhunderts erzwungene
Einführung der Landwirtschaft in den Reservaten auch bei den
bis dahin von der Jagd lebenden Stämmen führte überall dort zu
Problemen, wo landwirtschaftliche Arbeit nicht dem Rollenver-
ständnis der Männer entsprach. Als Jäger und Krieger konnten
sie sich nicht damit abfinden, Frauenarbeit leisten zu müssen.

3. Zelte, Hütten, Häuser

Wer sich gegen Regen und Schnee, Kälte oder Hitze schützen
will, bedient sich des am Ort vorgefundenen Baumaterials,
schlägt ein Zelt auf, errichtet eine Hütte oder baut ein Haus. Bei
den Indianern waren Bauweise und Architektur jedoch nicht
nur von den geographischen Gegebenheiten abhängig, sondern
auch davon, ob die Erbauer zu den nomadisierenden Jägern
und Sammlern oder zu den sesshaften Ackerbauern gehörten.
Beides zusammengenommen führte zu sehr verschiedenen
Wohnformen. Dabei ist stets zu bedenken, dass Zelte, Hütten
und Häuser nicht nur Unterkünfte waren, sondern auch sakrale
Bedeutung besaßen und ihren bestimmten Platz in der Ordnung
des Kosmos hatten. Deshalb befindet sich der Eingang oft im
Osten, dem Ursprung des Lichts und dem Sitz der Schöpferkraft. Die häufig anzutreffende Kreisform und die Mittelpunkt-
stellung des Feuers bilden kosmische Strukturen ab.

Daher folgte unter anderem der Bau des **Tipi** (ein Lakota-Wort
für «Wohnung») festen, religiös begründeten Regeln. Gegen diese Regeln zu verstoßen, hätte geheißen, die Unterkunft zu ent-
weihen und damit unbewohnbar zu machen. Ursprünglich mit
Bisonfellen bedeckt, war das leicht zu errichtende kegelförmige

Stangenzelt bei den nomadisierenden Plains- und Präriestämmen zwischen Mississippi-Missouri und Felsengebirge die übliche Wohnform. Gegenüber dem Eingang befand sich der Platz für die Ehrengäste; links des Eingangs saßen die Frauen, ihnen gegenüber die Männer; wenn der Gastgeber die Pfeife ausklopfte, war dies ein Zeichen für die Gäste, sich zu verabschieden.

Eine ähnlich einfache Behausung waren die **Wickiups**, meist während des Sommers genutzte Behelfsunterkünfte mit rundem, manchmal ovalem Grundriss und kuppelförmiger Dachkonstruktion. Sie besaßen eine zentrale Feuerstelle, einen Rauchabzug und einen Ehrenplatz gegenüber dem im Osten liegenden Eingang. Sie boten einer kleineren Familie Schutz und sind vor allem durch die westlichen und südlichen Apachen und die Numa bekannt geworden; ihr Verbreitungsgebiet umfasste vor allem die Halbwüsten des Großen Beckens, des Südwestens und Kaliforniens. Das Gerüst des meist von Frauen gebauten, nur auf Wanderungen genutzten Wickiups bestand aus gebogenen Stangen und einem Astgeflecht; darüber wurden aus Gras gewobene Matten oder Felle gelegt. Während man die Bedeckung mitnahm, blieb das Wickiup-Gerüst stehen. Ganz im Norden bei den Inuit der Arktis gibt es eine Wohnform, die hinsichtlich Aussehen und Vorläufigkeit dem Wickiup gleicht: die Schneehütte, das **Iglu**, eine aus spiralförmig aufeinander gelegten Schneeblöcken gefertigte Kuppelhütte, die ebenfalls nicht als Dauerbehausung diente, sondern nur im Winter auf der Jagd und bei Reisen als Unterkunft genutzt wurde.

Eine ähnliche, kuppelförmige Wohnform stellte im Nordosten der **Wigwam** (Algonkin-Bezeichnung für «Haus») dar. Die aus einem Stangen- und Astgeflecht errichtete Rundhütte der im nordöstlichen Waldland und im Gebiet der großen Seen lebenden Algonkins war mit Baumrinden und Schilfmatten bedeckt und bot je nach Größe einer oder mehreren Familien Unterkunft. Östlich der Großen Seen fand sich auch das bekannte **Langhaus** der Irokesen und Huronen, das rundum mit Schindeln gedeckte, fensterlose, in Familienabteilungen unterteilte Firstdachhaus, das an der Breitseite Eingänge mit dem entsprechenden Klansymbol und im Mittelgang mehrere Feuerstellen aufwies. Bewohnt und bewirtschaftet wurde es meist von über 100 Personen, die Mitglieder einer großfamilienähnlichen matrilinearen Verwandtschaftsgruppe waren; die Länge des Hauses betrug bei durchwegs 6–7 Metern Breite mehr als das Doppelte (bis hin zu 90 Metern), und zwar je nach der Zahl der Töchter der Hausbesitzerin, die bei Verheiratung jeweils auf der einen oder anderen Seite anbauten. Das Langhaus war auch die Kultstätte der Langhaus-Religion. Das ähnlich angelegte, 15–20 m breite **Plankenhaus** der Nordwestküste mit seiner vielfach geschnitzten Giebelwand wurde aus Zedernstämmen und Holzplanken errichtet und beherbergte bis zu sechs Familien, die häufig ihren Totempfahl direkt vor dem Haus aufstellten.

Die **Erdhäuser** im Westen des Kontinents waren feste Unterkünfte der Halbnomaden, am stärksten verbreitet bei den Stämmen der Plains, des Großen Beckens und des südwestlichen Alaska. Es handelte sich meist um runde Räume von 10–25 Metern Durchmesser: sie waren bis zu einen Meter tief in die Erde eingelassen, mit Pfosten verstärkt, mit Querbalken überdacht und mit Erde und Grassoden gegen die Hitze des Sommers und die Kälte des Winters geschützt. Bei den Stämmen des Großen Beckens gelangte man mittels einer Leiter durch den Rauchabzug ins Haus, in den Plains betrat man es dagegen durch einen tunnelähnlichen Gang, den auch Pferde benutzen konnten. Während die Erdhäuser in der Arktis nur im Winter bewohnt waren, zogen sich die Navajos, Pima, Yuma und Mojave im Süden nur während der Sommerhitze in diese zurück.

Der **Hogan** der Navajos war das kleinere Gegenstück zum Erdhaus, wenn auch weniger in den Boden abgesenkt. Das kuppelförmige Haus, das aus mit Ästen verflochtenen Stämmen gebaut und mit Lehm bedeckt war, besaß nur einen Raum mit der Türöffnung nach Osten. Am Tag diente er der Familie als Wohnraum, nachts, wenn Decken und Felle herabgelassen waren, schlief man dort.

Die **Pueblo-Bauten** des Südwestens entwickelten sich aus den frühen Grubenhäusern. Die Häuser der Pueblos wie auch schon die der Anasazi waren nur vom Dach her betretbare, ineinander verschachtelte und terrassenförmig angelegte, bis zu fünf Stockwerke hohe Gebäude aus Steinen oder später Adobe-Ziegeln; beim Weiterbau wurde das aus Balken, Pfosten und Lehm errichtete Dach dann zum Fußboden des nächsten Stockwerks. Zum Schutz gegen Feinde zog man nachts die Leitern aufs Dach.

Haus- und Hüttenbau zeigen, dass erst das Zusammenspiel von menschlicher Kreativität, spirituellen Vorgaben und natürlichen Gegebenheiten die indianischen Hausformen bestimmt.

4. Kleidung

Ob Arktis oder Tropen, Regenwald oder Wüste: Wohnort und Lebensraum bestimmen im Wesentlichen die Art und Weise, wie der Mensch sich kleidet. Mode und ästhetischer Sinn sind dabei abhängig von den verfügbaren Materialien; hat man Zugang zu einem neuen Material – wie etwa zu den Glasperlen der Europäer –, so ändern sich auch Form und Gestaltung der Kleidung. Zweifellos besteht zudem eine Korrelation zwischen der Wirtschaftsweise und dem Vorhandensein von Materialien für die Kleiderherstellung; wo gejagt wird, gibt es Felle und Häute; wo gesammelt wird, gibt es Wildgräser und -fasern; wo Landbau betrieben wird, gibt es Baumwolle und Hanf.

Die Kulturregionen zusammen ergeben ein buntes Bild indianischer Kleidungsgewohnheiten: Um sich gegen Kälte und Feuchtigkeit zu schützen, zogen die Eskimos das Karibufell dem weniger flexiblen Seehundfell vor; darüber zogen sie den aus zwei Häuten zusammengenähten Parka. Dazu trugen Männer wie Frauen Eisbär- oder Fuchsfellhosen. Im Winter nahm man auch Unterkleider aus leichteren Fellen. Hinzu traten Fellstrümpfe und Stiefel (zum Beispiel aus Hasenfellen). Gegen Schneeblindheit schützten Holzbrillen mit Schlitzen, gegen Kälte Fausthandschuhe. Frauen trugen ihr Haar lang oder flochten es zu Zöpfen, Männer liebten kurz getrimmtes Haar, meist mit Ponyfrisur, selbst wenn sie das Hinterhaupthaar wachsen ließen.

An der Nordwestküste trugen die Männer ein Überkleid aus gewobenen Pflanzenfasern, im Winter und bei festlichen Gelegenheiten ein rechteckiges, bis zu den Knien reichendes Gewand aus Tierfellen, zum Beispiel vom Seeotter. Frauen kleideten sich in ein Obergewand und einen Rock aus Pflanzenfasern. Gegen Regen schützten konische, aus Fasern gefertigte Hüte. Schmuck war bei Frauen wie Männern sehr beliebt, so in Form von Halsketten, Gürteln, Armbändern, Ohrringen oder Fußreifen aus Muscheln, Zähnen und Krallen. Männer ließen sich die Nasenwand piercen, um Ringe tragen zu können. Tätowierungen gab es bei Männern wie Frauen an Gesicht, Brust und Gliedmaßen.

In den nördlichen Prärien trat der Mann im *breech cloth*, dem zwischen den Beinen getragenen Lendenschurz, sowie mit langen Leggings und Mokassins auf und trug, wenn es kalt wurde, ein Wildlederhemd. Frauen bevorzugten meist längere, aus zwei Hirsch- oder Elchhäuten zusammengenähte Gewänder, die unten mit Fransen gesäumt waren. Kniehohe Leggings und Mokassins vervollständigten ihre Kleidung. Zöpfe waren bei beiden Geschlechtern die Regel, die Männer steckten sich jedoch noch Federn ins Haar oder trugen den bekannten «Kriegsschmuck» beziehungsweise den sogenannten Federbusch. Wie im Nordwesten zupfte man sich auch hier Barthaare und Wimpern aus und zierte sich mit Schmuckstücken.

Im Osten gab es bei den Männern auch den Lendenschurz aus Wildleder, dazu für die kühlere Jahreszeit ein Lederhemd, das aus einer ganzen Bisonhaut oder aus Kleintierhäuten, aus Federn oder verwebten Bastfasern bestand, ferner vorn zusammengenähte Leggings und Mokassins. Frauen kleideten sich in einen Wickelrock aus Leder, verwebten Bastfasern oder aus Bisonhaaren, trugen eine Bluse und halblange Leggings, im Südosten häufig nur eine Schürze. Ihr Haar ließen sie entweder offen, flochten es zu Zöpfen oder banden es auf dem Kopf zusammen. Männer rasierten ihr Haupthaar bis auf die Skalplocke oder die längliche Mittellocke. Alle sonstige Behaarung wurde von Männern wie Frauen ausgezupft. Ohrringe waren genau so üblich wie Tätowierungen; bei den Kriegern und Häuptlingen besaßen die Tätowierungsmuster große Symbolkraft. Auf Kriegszügen und bei Trauer, bei Ballspielen und bei Festen bemalte man Körper und Gesicht. Weiß war die Farbe der Trauer, rot die des Krieges. Schmuck jeglicher Art war beliebt.

Nur die Pueblo-Stämme des Südwestens kannten Baumwoll-kleider; die Männer trugen einen durch einen Gürtel festgehalte-nen Lendenschurz aus Baumwolltuch, darüber ein baumwolle-nes Tuch nach Art eines Kilts und eine Schärpe aus geflochtenen Baumwollschnüren, außerdem gelegentlich, ebenfalls aus Baum-wolle, ein ponchoartiges Hemd. Die Mokassins im Südwesten (und auch in der Arktis, im Großen Becken und in den nörd-lichen Prärien) waren nicht aus einem Stück gefertigt, sondern besaßen eine feste Sohle aus Bisonleder, während das Oberteil – mit einem längeren Schaft als üblich – aus Wildleder bestand. Ein aus gedrehten Streifen von Kaninchenfell gewebtes Tuch oder ein Obergewand aus Federn wurde bei kaltem Wetter über die Schulter geworfen. Die Kleider der Frauen bestanden aus einem rechteckigen Baumwolltuch, das unter dem linken Arm durchgeführt, über der rechten Schulter zusammengebunden und mit einem Gürtel getragen wurde. Ferner gab es für sie eine Kombination aus Mokassins und Leggings, die mit einem Leder-riemen umwickelt und unter dem Knie gebunden wurden. Es waren jedoch die Männer, die den meisten Schmuck trugen: Türkisperlen, wertvolle Steine und Muscheln für Hals und Ohr.

Bei nahezu allen Indianern wurden Kleidungsstücke mit Muschelwerk in Form von Scheibchen, Röhrchen oder Stachel-schweinborsten (*quills*) verziert. Diese wurden meist gefärbt und zu bunten Mustern auf dem Kleidungsstück gestaltet (Quill-stickerei). Später benutzten die Indianer statt des Muschel-schmucks lieber im Tausch erworbene Glasperlen.

5. Kunst und Handwerk

So wie es bei den Indianern keinen Unterschied zwischen Welt und Religion gibt, so existiert auch keine feste Trennlinie zwi-schen Kunst und Leben. Alltägliche Gebrauchsgegenstände sol-len auch schön sein und gegebenenfalls eine Aufgabe jenseits ihrer praktischen Verwendbarkeit erfüllen. In diesem Sinne kön-nen kunsthandwerkliche Gegenstände auch eine geschichtliche Erinnerung bewahren oder eine – zum Beispiel genealogische – Botschaft vermitteln, wie es etwa der Wappenpfahl (*totem pole*) tut. Es gibt zwar auch Skulpturen wie die Elfenbeinschnitzereien der Eskimos oder die Steinbilder der Grabhügelbauer, die Kunst um der Kunst willen zu sein scheinen, sich aber auch als Jagd- oder Gesundheitszauber deuten lassen. Zudem ging es den indianischen Kunsthandwerkern nicht um Innovation, sondern um die Bewahrung alter Traditionen.

Die Eskimos verstanden sich auf Holzschnitzereien und auf die Bearbeitung von Knochen, Horn und Elfenbein. Diese Tätigkeit lag wie das Bemalen von Masken (in Alaska und Grönland) und die Verzierung von Kleidungsstücken mit farblich abgesetzten Fell- und Pelzeinfassungen fast ausschließlich in den Händen der Männer. Wenn ihre Schnitz- und Malarbeiten realistisch angelegt waren, dann wurden meistens Menschen oder Tiere (am häufigsten Wal, Walross, Seehund, Bär, Hund und Vogel), aber auch Boote, Schlitten, Häuser und ähnliche Motive verwandt; etwa die Hälfte ihrer Produkte jedoch trugen geometrische Muster, und zwar verschiedenartige Linien, abstrakte zweidimensionale Figuren oder eine Kombination von beidem.

Bei den subarktischen Stämmen befassten sich vornehmlich die Frauen mit der Kleidung; so fertigten die athapaskischen Dogrib röhrenähnliche Leggings aus geräucherter Karibuhaut, dazu aus dem gleichen Material Hemden und halbzugeschnittene Tuniken mit Applikationen aus roten und weißen Stachelschweinborsten (*quills*), ferner Gürtel und an den Leggings befestigte oder separate Mokassins.

Die Stämme der Nordwestküste zimmerten und schnitzten die bekannten Wappenpfähle, aber auch Figuren von Tieren, mythischen Monstern und menschlichen Wesen, die auf Totempfähle, Hausfronten, Kanus, Holzkisten und dergleichen gemalt wurden. Außerdem stammen aus dem Nordwesten die farbenprächtigen Tanzmasken. Als Material wählte man Holz, Knochen, Horn und Elfenbein, Kupferplatten und Felle und übte sich sowohl in der Hoch- wie der Tiefreliefschnitzerei. Die Masken der Kwakiutl und Nootka hoben sich ab von denen ihrer Nachbarn, etwa denen der Tsimshian, Haida und Tlingit, durch ihre Größe, durch bewegliche Teile wie Augen, Lippen und Kiefer sowie durch ihren besonders reichen Schmuck. Frauen flochten Körbe, Matten, Hüte, Umhänge und andere Textilien aus gefärbten Pflanzenfasern, Gräsern, Zedernbast und Baumwurzeln. Sie verwoben Bergziegenwolle und Zedernbast zu den zeremoniellen Chilkat-Decken.

Vorherrschender Kunststil der Nordwestküste ist die Bemalung mit schwarz-roten Farben. Kunst war grundsätzlich mit der Religion und gesellschaftlichen Organisation verbunden; Produktion, Besitz und Ausstellung von Kunstobjekten bezeugten edle Abstammung und Beziehung zur übernatürlichen Welt. Gerade die Tlingit, Haida und Tsimshian der Nordwestküste haben in der graphischen und plastischen Kunst schon allein aufgrund der Größe der Gemälde auf Häusern und Kanus und der Wappenpfahlschnitzereien den größten künstlerischen Eindruck aller Stämme nördlich von Mexiko hinterlassen.

Das auch in den Prärien auf Dekoration bedachte Kunsthandwerk stützte sich primär auf das durch die Jagd bereitgestellte Material, nämlich das Fell des Bison. Der amerikanische Bison lieferte nicht nur Nahrung und Kleidung, sondern auch Unterkunft in Gestalt von Zelten, was der Malerei ein lohnendes Betätigungsfeld eröffnete. Während die Crow unbemalte Tipis bevorzugten, liebten die Lakota mit realistischen wie geometrischen Malereien geschmückte Zelte. Am eindrucksvollsten aber waren vielleicht die mit Piktogrammen von Tieren und Vögeln reich geschmückten Tipis der Blackfoot, die den Besitzern Schutz vor Unglück und Krankheit bieten sollten. Die Malerei nahm als Kunsthandwerk insgesamt einen größeren Platz ein als die Stachelschweinborstenstickerei, die ihrerseits im 19. Jahrhundert durch die Glasperlenstickerei abgelöst wurde. Bemalt und bestickt wurden Kleidungsstücke, Tipis, Trommeln, Köcher, Schilde und so weiter. Zu den verwendeten Farben zählten braun, rot, gelb, schwarz, blau und grün. Männer malten eher realistisch, Frauen geometrisch; ihr Bereich war vornehmlich die Stickerei. Es wurden aber auch Tonpfeifen, Rasseln und andere Holzgegenstände für den zeremoniellen Gebrauch mit Farben, Quills, Feder- und Perlenschmuck verziert.

Die Pueblos des Südwestens waren Feldbauern. Während Holz im Nordwesten und (Bison-)Haut in den Prärien das Kunsthandwerk bestimmten, gab es im Südwesten eine Vielzahl von Materialien: Ruten und Baumwolle, Ton und Sand. Bereits seit dem 2. Jahrhundert war die Korbflechterei bekannt, 500 Jahre später trat der Webrahmen hinzu; beide Kunstfertigkeiten, denen sich die Ausschmückung der gefertigten Produkte zugesellte, erreichten ihre Blüte zwischen 1000 und 1300. Die Anasazi-Frauen schufen aber nicht nur Körbe und Tuche, sondern zeichneten sich auch in der Töpferei aus; zudem verstanden sie sich auf die eher geometrische denn figürliche Bemalung ihrer keramischen Schöpfungen. Charakteristisch für die Pueblo-Kunst sind ebenfalls die aus Sand, Maispollen, pulverisierten Blüten- und Grünblättern hergestellten Trockenbilder, die bei den Zeremonien vor dem hölzernen Altar in der Kiva ausgestreut wurden. Diese Trockengemälde waren ein Bittgebet an die Geister um Gesundheit, Regen und eine reiche Ernte. Die von Männern geschaffenen Wandmalereien in der Kiva waren meist Darstellungen von Sonne, Mond und Sternen, von Erde, Berglöwe, Schlange und Kachina. Diese Kachinas stellten die Geister von Ahnen, Tier- und Pflanzenwesen dar, die als Mittler zwischen den Menschen und den übernatürlichen Mächten fungierten, als Regenbringer und Wohltäter der Gemeinschaft galten und als kunstvoll geschnitzte und bemalte Kachinapuppen die Kinder Religion und Moral lehrten. Einige Pueblo-Stämme (so die Hopi und Zuni) sowie die Navajos sind auch bekannt für ihren Türkis- und Silberschmuck, besonders für die Armreifen und Ohrringe. Die extravagant wirkenden Kachinapuppen finden sich nur bei den Pueblos.

Die Kunst des Südostens ist wahrscheinlich so reich gewesen wie die des Südwestens, doch wurden die Stämme an der Ostküste durch die europäischen Kolonialmächte immer wieder empfindlich gestört; viele Kunstgegenstände waren bereits verschwunden, als man sich anschickte, sie zu sammeln und zu beschreiben. Einiges ist jedoch in literarischen Quellen festgehalten. So galt offenbar dem Körperschmuck das besondere Augenmerk: Man trug Kopfbänder, Armreifen und Halsschmuck aus Holz, Stein, Muscheln, Perlen und Kupfer. Vor Kriegen oder sportlichen Ereignissen pflegten sich die Männer mit geometrischen und symbolischen Mustern zu bemalen. Berühmte Krieger ließen sich ihre Heldentaten auf den ganzen Körper tätowieren. Die von Hernando de Soto auf dem Mississippi gesichteten Kanus waren bunt bemalt. Die Fassadenpfosten von Ratsgebäuden am Stadtplatz wiesen Schnitzereien von Schlangen, Krokodilen und Fröschen auf, die Wände waren mit einer Vielzahl von Vögeln, Tieren und Menschen verziert, alles jedoch offenbar ohne den sonst üblichen mythologischen Bezug. Es sind auch Beispiele von geometrischen Korbdekorationen erhalten. Steinskulpturen waren im Südosten am weitesten entwickelt. Auf Pfeifenköpfen finden sich Abbilder von Tieren und Menschen; in Kentucky wurde ein etwa 24 cm hoher Steinkopf gefunden; außerdem sind Steinstatuetten von Menschen von bis zu 60 cm Höhe ausgegraben worden. Was die Metallbearbeitung angeht, so hatte hier das Kalthämmern von Kupferplatten, dem Ausgangsmaterial für Schmuckstücke, die als Grabbeigaben für Häuptlinge beliebt waren, seinen technischen Höchststand nördlich von Mexiko erreicht.

6. Die Rollen von Mann und Frau

Der überwiegende Teil der anthropologischen Quellen über die indigenen Völker Nordamerikas wurde im ausgehenden 19. und beginnenden 20. Jahrhundert zusammengetragen, zu einer Zeit, als es kaum Frauen unter den Anthropologen gab und als nach europäisch-christlicher Tradition der Mann noch als die Krone der Schöpfung und die Frau als seine Gehilfin galt. Für die Forscher war die Frau daher nur von sekundärem Interesse. Hinzu kam, dass es einem Tabubruch gleichgekommen wäre, Männer in das Geheimwissen der Frauen einzuweihen, weshalb diese lieber schwiegen.

Bei den vom Feldbau und von der Jagd lebenden Völkern oblagen die ackerbaulichen Aufgaben den Frauen, die Männer halfen höchstens beim Roden des Waldes. Bei den Hidatsa, einem sesshaften Stamm am Missouri, sorgten daher Frauen und Mädchen für Saat, Pflege und Ernte von Mais, Bohnen, Sonnenblumen und Kürbissen; Anbau und Ernte des Tabaks allerdings, des ständigen Begleiters bei allen rituellen Handlungen der Männer, gehörte zu den Pflichten der älteren Männer eines Haushalts. Die Erziehung der Kleinkinder, die Lagerung und Konservierung der Nahrungsmittel, die Zubereitung der Speisen, die Anfertigung der Kleidung und die Herstellung von Korbwaren fielen in den Zuständigkeitsbereich der Frauen. Bei den nomadischen Siouxstämmen gehörten das Abschlagen und der Wiederaufbau des Tipis zum Aufgabenbereich der Frauen, das Aufschlagen des Zeltes des Sonnentanzpriesters jedoch oblag den Männern und wurde vom Priester überwacht.

Jagd und Kriegführung waren Angelegenheit der Männer, auch die Stammespolitik und das rituelle Leben lagen weitgehend in ihren Händen. Doch schließt dies nicht aus, dass sogar bei so kriegerischen Stämmen wie den Blackfoot-Indianern, den Crow oder den Sioux auch Frauen mit auf die Jagd gingen, gegen den Feind zogen oder Medizinfrauen wurden. Die Regel aber war dies nicht. Wie wichtig Frauen jedoch auch im zeremoniellen Leben eines Stammes sein konnten, zeigt der Umstand, dass bei den Blackfoot das Sonnentanzritual nur dann begangen werden konnte, wenn sich eine Frau bereit erklärte, das Sonnentanzbündel in ihre Obhut zu nehmen. Fand sie sich nicht, musste, wie öfter geschehen, das Ritual ausfallen.

Schon früh wurden Mädchen und Jungen auf ihre verschiedenen Geschlechterrollen vorbereitet, wobei Eltern und Verwandte darauf achteten, dass den Heranwachsenden weibliche und männliche Rollenbereiche als klar voneinander geschieden präsentiert wurden. Wer Dinge tat, die dem anderen Geschlecht zukamen, wurde mit Spott überschüttet; wenn etwa bei den Lakota Sioux Männer Frauenarbeit verrichteten, zogen ihnen die Frauen Frauenkleider an. Die geschlechtsspezifische Prägung des Verhaltens ging bei ihnen so weit, dass auch die Sprache zahlreiche geschlechtsspezifische Ausdrucksweisen kannte.

Wenn auch die Männer ihre Rolle häufig für wichtiger hielten als die der Frauen, so hatten beide Geschlechter doch ihren je eigenen gesellschaftlichen Funktionsbereich, in den das andere Geschlecht nicht hineinzureden hatte und der allgemeine Achtung genoss. Und bei den Irokesen und Huronen, Gesellschaften, die matrilinear und matrilokal (nach dem Wohnsitz der Mutter) organisiert waren, entschied letztlich der Rat der Klanmütter alle für den Stamm wichtigen Dinge, ohne dass diese besonderen Wert darauf gelegt hätten, mit äußerlichen Insignien der Macht ausgestattet zu sein.

Wie andere Stämme teilen auch die Papago im Süden Arizonas die Aufgaben unter den Geschlechtern auf. Männer und Frauen singen und spielen unter sich. Das Zeremonialleben ist Männersache. Aufgabe der Frauen ist es, Kinder zur Welt zu bringen, in der Gewissheit, dass es ohne sie die Männer gar nicht gäbe.

7. Die Familie

Zu allen Zeiten haben Menschen sich in Gruppen organisiert und miteinander kooperiert, um ihr Überleben zu sichern. Schon mit der Geburt in eine Familie werden Verwandtschaftsverhältnisse geschaffen, die diesem Ziel dienen, die sich aber je nach Stellung und Beruf, nach Interesse, Alter und Geschlecht durch frei gewählte Bindungen ausweiten lassen, um mit anderen Gleichgesinnten das Leben besser bewältigen zu können. Wichtige Voraussetzungen für den Aufbau der sozialen Welt sind also Ehe und Familie, verwandtschaftliche Beziehungen, Wohnsitzregelung und – bei zahlreichen indianischen Völkern – die Zugehörigkeit zu Klans und Bünden.

Ehe und Familie. Die indianische Ehe stand unter dem Inzesttabu, das heißt, man durfte nicht innerhalb der eigenen Familie heiraten, sowie unter dem Gebot der Klan-Exogamie, die eine Heirat innerhalb des eigenen Klans, mitunter auch innerhalb desselben Dorfes, verbot. Voreheliche Beziehungen waren bei den meisten Stämmen – mit Ausnahme der Cheyenne und der Küstenbewohner des Nordwestens – akzeptiert. Die Partnerwahl erfolgte nach Beratung innerhalb der Familie. Heiraten wurde als rein weltliche, nicht als religiöse Angelegenheit betrachtet: Deshalb gab es auch keine offizielle Heiratszeremonie. Mit Zustimmung der Familie beschloss man vielmehr, künftig zusammen zu leben. Damit wurden Mann und Frau von der Gemeinschaft als Paar anerkannt. Der Bräutigam hatte den Braueltern für den Verlust einer Arbeitskraft und für die Mühen von Aufzucht und Erziehung den Brautpreis zu entrichten oder ihnen ein Geschenk zu machen.

Liebe war nicht unbedingt Voraussetzung für die Heirat. Aus Zuneigung könne sich, so glaubte man, im Laufe der Aufzucht der Kinder und bei der gemeinsamen Bewältigung häuslicher Probleme nach und nach Liebe entwickeln; wenn nicht, galt Scheidung als annehmbarer Ausweg. Andere Gründe für eine Trennung konnten Sterilität, Faulheit, körperliche Misshandlung oder Streitsucht, bei den Cheyenne auch Ehebruch sein.

Monogamie war die Regel, wobei es in Einzelfällen auch Polygynie, das heißt Verbindungen mit mehr als einer Frau, gab; eine Ausnahme jedoch bildeten die Irokesen und die westlichen Pueblos. Die relative Seltenheit der Polygynie erklärt sich daraus, dass die meisten Männer nicht mehr als eine Frau ernähren konnten. Mit der Einführung des Pferdes jedoch gewann sie in den Plains an Boden, aber nur wenige Männer hatten mehr als vier oder fünf Frauen. Dass eine Frau mehrere Männer hatte (Polyandrie), war höchst selten; so etwa bei den Eskimos oder den Stämmen im Großen Becken, wo eine Frau mit zwei Brüdern verheiratet sein konnte.

Neben der Kernfamilie (Eltern und Kinder) gab es die erweiterte Familie in Gestalt der Großeltern beziehungsweise weiterer Ehefrauen oder in Gestalt einer Reihe von Schwestern und Brüdern, die – wie in den Langhäusern der Irokesen – mit ihren Familien zusammenlebten, und das meist auf Dauer.

Adoptionen waren durchaus üblich; sie bezogen sich auf Waisen, Halbwaisen, uneheliche Kinder und oft auch auf Kriegsgefangene, und zwar aller Altersstufen. Bei den Irokesen schloss eine Adoption in die Familie auch die in den Klan mit ein. Bei den Seminolen hingegen behielt das adoptierte Kind die Klanzugehörigkeit der leiblichen Mutter bei. Den Fall der Adoption eines ganzen Stammes gab es bei den Irokesen, wo auf Vorschlag der

Oneida die Tuscarora, die aus dem nordöstlichen North Carolina kamen, in die Irokesen-Liga aufgenommen wurden.

Kinder waren überall erwünscht, wenn auch wegen der hohen Sterblichkeitsrate selten mehr als drei Kinder das Erwachsenenalter erreichten. Dennoch praktizierte man bei Hungersnot oder beim Tod der Mutter im Kindsbett den Säuglingsmord. Wo Zwillinge als Unglück angesehen oder Kinder missgebildet geboren wurden, galt ihre Tötung nicht als verwerflich; die Entscheidung lag allein bei den Eltern.

Verwandtschaft und Wohnsitz. Die Verwandtschaftsverhältnisse richteten sich bei den Indianern nach der Verwandtschaft des Blutes und nach der durch Heirat. Zu den angeheirateten Verwandten gehörten alle Blutsverwandten der Ehefrau und des Ehemannes. Aus ökonomischen Gründen und zur Sicherung der Kleingruppen war es weithin üblich, nach dem Tode des Ehemannes dessen Bruder (Levirat) oder nach dem Tode der Ehefrau deren Schwester (Sororat) zu heiraten.

Die Wohnsitzregelung der Indianer sah vor, dass sich das junge Paar in einem bereits existierenden Haushalt oder in dessen Nähe niederließ. Während bei den Irokesen der Mann in das Langhaus seiner Frau und die Hopi-Männer und andere westliche Pueblos ebenfalls zu ihren Frauen zogen und das Paar dann bei der Mutter der Ehefrau lebte (uxori-matrilokale Wohnsitzregelung), gab es weit häufiger den umgekehrten Brauch, dass nämlich das Paar beim Vater des Ehemannes Wohnung nahm (viri-patrilokale Regelung).

Erziehung. Die indianische Familie übernahm in der Regel die üblichen Aufgaben der Aufzucht, Erziehung und Sozialisation der Kinder, darüber hinaus die Weitergabe von geschlechtsspezifischen Fertigkeiten wie Nahrungsbeschaffung, Jagdkunst, Verteidigung, Waffengebrauch und so weiter. Kleinen Kindern wurden große Freiheiten eingeräumt. Auch waren ihre ersten Lebensjahre weitgehend frei von eindeutigen erzieherischen Eingriffen. Im Grunde wurde ihnen alles nachgesehen. Erst mit dem vierten, spätestens mit dem sechsten Lebensjahr setzte eine bewusste und absichtsvolle Erziehung ein. Dabei spielten drei erzieherische Methoden eine Rolle: Erziehung durch Zuschauen und Selberlernen, durch Einzelunterweisung und schließlich durch Erziehung in Lerngruppen für bestimmte pädagogische Zwecke. Letztere dominiert bei uns; wir nennen sie schulische Erziehung. Bei den indianischen Völkern gab es sie nur dort, wo es auch Bünde gab; sie dauerte zumeist nur wenige Tage. Ein typisches Beispiel ist die Unterweisung vor der Aufnahme eines Jugendlichen in einen Männerbund. Der Initiand hatte dann alles zu lernen, was ein Mitglied des Bundes wissen musste, auch das erforderliche Geheimwissen. Ein formaler Initiationsritus schloss die Ausbildung ab.

Eines der Hauptziele der Erziehung war es, die Kinder und Jugendlichen in die ihnen im Leben zugedachten geschlechtsspezifischen, je nach Kulturregion variierenden Rollen einzuführen. So lernten zum Beispiel die Jungen der Völker des Columbia-Plateaus den Lachsfang, die Bären-, Hirsch- und Elchjagd, die Mädchen hingegen, wie man Lachs räuchert, Beeren und Wurzeln sammelt und sich merkt, wo sie zu finden sind; sie lernten auch das Korbflechten und Anfertigen von Kleidern und Mokassins. Während die Bestellung des Feldes bei den Stämmen der Ostküste zu dem gehörte, was Mädchen kennen mussten, waren es bei den Pueblos die Jungen, die sich mit dem Anlegen der Felder und dem Anpflanzen von Mais, Bohnen und Kürbissen in wüstenähnlicher Landschaft vertraut machen mussten; andererseits übten sie sich im Jagen, im Baumwollweben und im Verstehen der ihnen – und nicht den Mädchen – im Leben zufallenden spirituellen Rollen. Die Mädchen kümmerten sich um das Haus, mahlten den Mais und bereiteten das Essen; an den jahreszeitlichen Zeremonien nahmen sie nur passiv teil. Was aber beide lernten, war, dass das Dorf und die Gemeinschaft wichtiger waren als der Einzelne.

Körperliche Strafen gab es als Sanktionsmittel zur Disziplinierung der Kinder nur selten. Die schlimmste Strafe für ein Kind war, dass es wegen seiner Unarten von älteren Geschwistern, von den Eltern oder, wenn es sich um ein älteres Kind in matrilinearen Gesellschaften handelte, vom Onkel mütterlicherseits bloßgestellt wurde. Bei den Schoschonen war es sogar die Regel, dass die Strafe von Verwandten und nicht von den Eltern verabreicht wurde. Bei den Eskimos hingegen waren Körperstrafen generell verpönt, weil man glaubte, die Seele des Kindes sei die eines verstorbenen Verwandten, der dem Kind seine Kenntnisse und Kräfte mitgegeben habe. Als Erziehungsinstanzen traten bei fast allen Stämmen Erwachsene auf, die sich – wie etwa die Kachinagestalten bei den Pueblo-Indianern – als Geister oder übernatürliche Wesen verkleideten und die Kinder tadelten, manchmal sogar verschreckten.

Ein weit häufiger verwendetes Mittel zu Disziplinierung und Verhaltensänderung war der Spott. Bei den Crow und anderen Stämmen der Plains etwa hatte jedes Kind einen Verwandten, dessen Aufgabe es war, es zu verspotten – und das zuweilen recht derb –, wenn es Dinge tat, die nicht der Norm entsprachen. Bei sehr vielen Stämmen nördlich von Mexiko gab man den Jungen Spottnamen wie Flachkopf, Langnase, Riechkolben, Schildkrötenhintern, Darm oder Zahnlos, die sie so lange trugen, bis sie sich im Leben, das heißt in der Regel im Kampf oder auf der Jagd, ausgezeichnet hatten. Manche trugen diesen Namen ihr Leben lang.

Die vorherrschende Erziehungsmethode bestand jedoch darin, das Kind immer wieder zu loben. Man zollte dem Sohn Lob für jeden Schuss, der das Ziel getroffen hatte; selbst der Verlierer eines Kampfes wurde gelobt, wenn er sein Bestes gegeben hatte. Bei den Zuni etwa wurde jedes richtige, auch noch so belanglos erscheinende Verhalten gelobt, etwa wenn man bei einem Verwandtenbesuch die richtigen Grußformeln benutzt hatte. Kehrte ein Crow von seinem ersten Kriegszug zurück, tanzte und sang ein Verwandter zu seinen Ehren.

Lob, Spott und Tadel waren in der Jugend angemessen, nicht jedoch, wenn man erwachsen war. Dies wurde man als junger Mann mit der Initiation, als junge Frau – für sie gab es Initiationsriten weit seltener – in jedem Fall mit der ersten Menstruation. Bei den Stämmen der Plains und im Osten galt ein erfolgreicher Kriegszug, bei dem man einen Feind getötet oder einen Coup gelandet hatte, als Beginn des Manneslebens. Der

Coup bezeichnete die Berührung eines verwundeten oder be-
siegten Gegners mit der bloßen Hand oder mit einem Coup-
Stab und demonstrierte, dass man den Gegner auch hätte töten
können. Ohne eine solche Tat konnte man nicht heiraten,
nicht im Rat sprechen und sich nicht wie ein Mann kleiden.
Daher waren Krieger in diesen Gesellschaften durch besondere
Farben, Muster oder Tätowierungen gekennzeichnet. In Gesellschaften, die vornehmlich von der Jagd lebten, war der Jagderfolg Ausweis des Erwachsenseins.

8. Eigentum

Auch die nordamerikanischen Indianer kannten die Institution
des Eigentums. Die Vorstellung aber von Grundeigentum oder
die Idee privaten Landbesitzes hat es bei ihnen nur selten
gegeben. Doch finden sich von Stamm zu Stamm wechselnde
Eigentumsvorstellungen hinsichtlich persönlicher Dinge wie
Kleidung, Werkzeuge, Waffen und zeremonieller Geräte. Bei
den Prärieindianern gehörten Zelte zum beweglichen Privat-
oder Familieneigentum, nicht aber das Land, auf dem sie standen. Verwandtschaftliche Gruppen oder Stammesgemeinschaf-
ten hatten freilich ein Recht auf Land, sie brauchtes es zur
Sicherung ihrer Existenz, allerdings im Sinne der Nutznießung,
nicht des persönlichen Besitzes. Dass dieser Unterschied im Ver-
gleich zu europäischen Vorstellungen über Jahrhunderte zu
Missverständnissen und tödlichen Auseinandersetzungen führte, belegt die Geschichte weiß-indianischer Beziehungen zur
Genüge.

Familien hatten fast überall das Recht, nach Belieben innerhalb des Stammesgebietes zu sammeln und zu fischen; auch besaßen alle Mitglieder der örtlichen Gemeinschaft das Jagdrecht.
In der Subarktis und an der Pazifikküste gehörte das Recht auf
Unterhaltung von Fischstationen einzelnen Männern, teilweise
zusammen mit einem Fremden; aber dieses Recht konnte auch
gegen Beteiligung am Fang an Außenstehende verpachtet werden. Nur bei den kalifornischen Yurok waren Fischfangrechte
Privatbesitz, den man folglich veräußern konnte. Auch im west-

lichen Großseengebiet erkannten die Indianer Wildreisflächen als familiären Besitz an, wenn entsprechende Markierungen angebracht waren. Trotzdem wurden Landrechte immer nur als Nutzungsrechte angesehen, sie schlossen nicht das Recht ein, Land zu zerstören oder brach liegen zu lassen. Wenn Garten-, Fischfang- oder Sammelrechte eine Zeit lang nicht wahrgenommen worden waren, konnten sie mit Zustimmung der Stammes- oder Gruppenverantwortlichen an andere weitergegeben werden. Der Gartenbau wurde Einzelpersonen oder verwandtschaftlichen Gruppen zugeordnet. In Landbaugebieten waren dies (mit Ausnahme der Pueblos) die Frauen; ihnen standen nach allgemeinem Verständnis auch die Erträge des Gartens zu, die sie aber immer mit anderen teilten. Gemeinschaftshäuser waren Eigentum verwandtschaftlicher Gruppen; allerdings gehörten bei den Stämmen der Plains die Tipifelle und -stangen der Frau, die auch für Auf- und Abbau des Tipis zuständig war.

Verwandtschaftliche Stammesgruppen kontrollierten und besaßen – anders als im Fall der Jagd-, Fischerei- und Sammelgebiete – durchwegs die landwirtschaftlichen Anbauflächen einer Region. Doch jedes Mitglied einer Gruppe oder eines Stammes hatte ein Anrecht auf die Erträge des Landes. Und selbst wenn Besitz unmissverständlich Einzelnen zugesprochen worden war, musste er oder sie die Forderungen der einen oder anderen Gruppe berücksichtigen und folglich die Nutznießung des Eigentums durch andere dulden. Im Großen Becken gehörten Fallen, Wildzäune, Grubenfallen und dergleichen denen, die sie aufgestellt oder erbaut hatten, so auch in anderen Gebieten; bei den Hidatsa und Mandan der Prärie jedoch bestand die Regelung, dass Adlerfallen zum Besitz der Blutsverwandten mütterlicherseits gehörten. Obwohl bei den Navajos der Erste, der ein Stück Land bebaute, automatisch auch Besitzer wurde und die Besitzrechte behielt, bezog sich der Besitz doch nur auf die landwirtschaftlichen Produkte, die man dort erzielte: Wildes Buschwerk und Bäume, Wurzeln und Beeren und auch Quellen standen allen zur Verfügung. Bei den bekannteren Stämmen des Ostens wie den Irokesen und Creek wurde das Jagdgebiet als Stammeseigentum betrachtet. Im Südosten gab es sogar die sogenannten Stadtfelder, auf denen jeder arbeiten musste und deren Erträge nicht selten vollständig in einem öffentlichen Vorratshaus Gästen und Bedürftigen zur Verfügung standen.

Zum privaten Eigentum gehörte aber nicht nur der materielle, sondern auch der immaterielle Besitz; dazu zählten Namen, Titel, Familienwappen, Lieder, Heilungsriten, magische Formeln und Beschwörungen; diese konnten daher auch veräußert oder verschenkt werden. Im Falle der Nordwestküste gehörten Namen und Titel allerdings den Verwandten, die einer Veräußerung widersprechen konnten.

9. Politische Organisation und Herrschaftsformen

Strukturen und Beziehungen, welche die innere Ordnung menschlicher Gesellschaften betreffen und die Entscheidungen ihrer Gesetzgebungsinstanzen für alle verbindlich machen, nennt man politische Organisation. Im Gegensatz zu biologisch bedingten Verwandtschaftsbeziehungen sind solche politischen Strukturen durchweg territorial. Im Unterschied zu den Klans definieren sich die Begriffe *Band* und Stamm auch über ein gemeinsam besiedeltes und genutztes Territorium.

Einige indianische Gesellschaften besaßen keine echten politischen Strukturen. So entwickelte sich etwa bei den Eskimos politische Macht und Autorität aus der Blutsverwandtschaft. Am anderen Ende der Skala hatten Gruppen wie die Natchez eine streng zentralisierte politische Organisation. Die meisten indianischen Gesellschaften aber lagen zwischen diesen beiden Extremen. Bei vielen von ihnen wurden wichtige politische Entscheidungen von Gruppen wie den Klans, das heißt den Blutsverwandten väterlicher- oder mütterlicherseits, getroffen.

Eine gängige Klassifizierung indianischer politischer Organisationsformen ist die nach Familien, Klans, *Bands*, Stämmen und Häuptlingstümern. Die **Familie** war in der Subarktis, auf dem Hochbecken und im südlichen Kalifornien die kleinste dauerhafte Einheit. Eine wirklich politische Organisation gab es nicht, weil jene Landstriche sehr unfruchtbar, die Nahrungsbeschaffung beschwerlich, die Besiedlung dünn war. In der

Zentralarktis gab es in den Winterquartieren mit bis zu
100 Personen allerdings schon so etwas wie eine Führung, die
oft der erfolgreichste Jäger oder der Schamane auf Zeit übernahm.

Klans sind matri- oder patrilineare Blutsverwandtschafts-
gruppen, deren Wohnsitz sich nicht auf nur ein Territorium beschränkt. Klans umfassen mehrere Familien, die ihre Herkunft
von einem gemeinsamen Ahnen herleiten. Bekannt ist das ma-
trilineare Klansystem der Irokesen, in dem die eigentliche politische Entscheidungsgewalt bei den Klanmüttern lag, welche die
politischen Führer, denen die politische Tagesarbeit oblag, ab-
berufen konnten, wenn sie mit deren Amtsführung nicht einver-
standen waren. Allerdings mussten sie dabei bestimmte Regeln
einhalten. Häufig haben die Klans gesellschaftliche Aufgaben
für den Stamm zu übernehmen. So kennen die Chippewa fünf
für das Überleben des Stammes zentrale Bereiche: Führung und
Leitung, Nahrungsbeschaffung, Verteidigung, Erziehung und
Unterweisung und schließlich das Heilen. Für jeden von ihnen
waren bestimmte Klans zuständig.

Bands bestanden aus Gruppen von meist 50 bis 150 Mitgliedern mehrerer blutsverwandter Einzelfamilien, die mit gleich-
artigen Erfahrungen und Erwartungen aufgewachsen waren
und in einem Gebiet zusammenlebten, wo sie jagen, fischen und
sammeln konnten; ererbte Machtstellungen gab es nicht. Als
Führer der Gruppe galt ein erfolgreicher Jäger oder Fischer, der
zwar Autorität besaß, aber nicht die Macht hatte, Gefolgschaft
zu erzwingen. Es gab in diesen *Bands* auch kaum Bedarf an for-
meller Regierung und sozialer Reglementierung. Man besaß nur
wenig persönliches Eigentum; Nahrungsmittel und Vorräte
wurden geteilt. So erkannten die Paiute des Großen Beckens
außerhalb ihrer *Band* keine politische Einheit an, obwohl im
Sommer viele solcher *Bands* zur Kaninchen- und Antilopenjagd
zusammenkamen. Andere Gruppen wie die Klamath zogen
kaum umher, lebten in Dörfern nahe beieinander und koope-
rierten das ganze Jahr über. Doch darüber hinaus erkannten sie
keine Autorität an, so dass sie ebenfalls zur Gruppe der *Band*-
Gesellschaften gehören.

Der Begriff **Stamm** ist nicht leicht zu umschreiben. Stammesmitglieder sprechen dieselbe Sprache, haben dieselben Gewohn-
heiten, erkennen ihre Zusammengehörigkeit an und schließen
Ehen untereinander. Folgt man dieser Definition, dann gibt es
zwei Gruppen von Stämmen, nämlich solche mit politischen
Stammesorganisationen und solche ohne. Die kalifornischen
und nordwestlichen Küstenstämme bildeten Gruppen von auto-
nomen Dörfern, die man Kleinstämme nannte, obwohl sie keine
gemeinsame Organisation und keine politische Führung kannten und sich nur aufgrund der gemeinsamen Sprache einander
zugehörig fühlten. Die Stämme mit gemeinsamer politischer
Organisation bestanden entweder aus *Bands* wie bei den nomadisierenden Plains-Indianern oder gewöhnlich aus Dörfern wie
bei den Irokesen und den ackerbautreibenden Bewohnern der
Plains. Ein Stamm ist größer als eine *Band*, zählte aber in Nordamerika selten mehr als 5000 Mitglieder. Stämme waren egalitär ausgerichtet wie die *Bands* trotz der von Europäern benutzten Bezeichnung «Häuptling» für den Stammesführer. Ein
Häuptling verfügte kaum über Sanktionsmöglichkeiten und
war daher auf den guten Willen der Stammesmitglieder angewiesen. Er ließ sich gewöhnlich vom Stammesrat beraten, meist
den Ältesten oder Führern aller Familien, Klans oder *Bands*. Ein
solcher Rat konnte wie in der Irokesenliga bis zu 50 Mitglieder
haben, beim Stammesrat der Cheyenne waren es 44, bei anderen Völkern konnten es aber auch nur zwölf oder weniger sein.
Die Polizeigewalt lag in den Händen der Bünde und des Stammesrates. Die Entscheidungen des Stammesrates waren in der
Regel demokratisch. Sie mussten oft einstimmig getroffen werden; wenn Einstimmigkeit nicht zu erzielen war, wurde weiter
beraten, und sei es für Tage und Wochen.

Die meisten Stämme hatten Kriegs- und Friedenshäuptlinge,
manchmal auch zeremonielle Häuptlinge. Je nachdem in wel-
cher politischen Situation sich der Stamm gerade befand, scharte
man sich um den Friedens- oder Kriegshäuptling, wenn religiöse
Zeremonien und Feste vorzubereiten und durchzuführen waren,
auch um den zeremoniellen Häuptling. Häuptlinge wurden vor
allem ältere, lebenskluge Männer, erfolgreiche Krieger, denen

man bereit war zu folgen. Ihre Positionen konnten zwar bestimmten Klans vorbehalten sein, setzten aber immer Leistung und Verdienst voraus.

Dagegen war die politische Organisation des **Häuptlingstums** nicht egalitär strukturiert; es besaß eine zentrale Autorität, die sich auf politische, wirtschaftliche und zeremonielle Aktivitäten erstreckte, und wies unterhalb des Häuptlings eine gestufte Gesellschaft mit sozialen Klassen, Individuen und Familienlinien auf, deren Mitglieder nicht primär wegen ihrer persönlichen Leistung, sondern wegen ihrer Herkunft als angesehener galten als andere. Ein Beispiel dafür sind die Natchez, deren Herrscher nahezu absolute Macht besaß, die nur durch einen Rat aus Adeligen und Dorfhäuptlingen etwas gemildert wurde.

Eine Sonderform der politischen Organisation besaßen die Pueblo-Indianer. Bei den Pueblos im Rio-Grande-Gebiet stellten die religiösen Bünde den religiösen Führer, den Kaziken, der seine Position lebenslang innehatte und gleichzeitig auch politischer Führer war, zumindest insoweit, als er von Jahr zu Jahr einen Gouverneur als Verantwortlichen für die konkreten politischen Entscheidungen ernannte. Man kann also aufgrund des großen Gewichtes, das der Kazike als religiöser Führer besaß, von einer Art Theokratie sprechen. Bei den Hopi besetzten die Klan-Vorsteher der einzelnen Hopi-Dörfer auch die Führungspositionen in den Zeremonienbünden.

10. Rang und gesellschaftliche Klassen

Fast alle Gesellschaften der Welt erkennen persönliche Begabung und Leistung und damit auch gesellschaftliche Unterschiede an; so auch die Indianer. Es gab bei ihnen zwar Gruppen, bei denen das soziale Ansehen nicht an eine soziale Rangstufe gebunden war, die meisten jedoch unterschieden zwischen höchstem und niedrigstem Status; dabei galten als Rangkriterien Tüchtigkeit, Wohlstand, Erblichkeit der Stellung und übernatürliche Bestätigung oder eine Mischung aus allen. In Mittelamerika waren die Gesellschaften am stärksten gegliedert, und zwar vor der Eroberung; dort fanden sich dank des intensiven Landbaus und der Bewässerungstechnik die leistungsfähigste Nahrungsmittelproduktion, die größte Bevölkerungskonzentration, die spezialisierteste Arbeitsteilung, die größten politischen Einheiten, die größten Armeen und die komplizierteste religiöse Organisation.

Demgegenüber stellten Arktis, Subarktis und Großes Becken mit spärlicher Besiedlung, einem Minimum an religiöser Organisation, fehlender Landwirtschaft, Arbeitsteilung und politischer Organisation eine Gesellschaft ohne soziale Klassen dar; das einzige Kriterium der Differenzierung war hier persönliche Begabung und Leistung (etwa als Jäger oder Krieger).

Die geographisch und geschichtlich unabhängige Nordwestküste dagegen unterschied sich in ihren Rangsystemen und Gesellschaftsklassen erheblich von anderen Regionen. Fisch und Meeressäuger bescherten den Stämmen eine blühende Wirtschaft und damit materiellen wie immateriellen Reichtum. Die Konzentration der Bevölkerung und die Spezialisierung der Arbeit hatten ein hohes Maß erreicht. Die religiöse Organisation mit ihren Geheimbünden war relativ hoch entwickelt. Unterschiede in Rang und Status, die auf einer Mischung aus Reichtum und Erblichkeit beruhten, waren nirgendwo in Nordamerika so deutlich ausgeprägt wie hier, wo zudem eine Sklavenklasse existierte, die 10–30% der Bevölkerung ausmachte.

Ausdruck dieser starken Gliederung der Gesellschaft waren die Potlatches, Geschenkverteilungsfeste, an denen sich, abgesehen von den Sklaven, alle beteiligen konnten. Ziel war es einerseits, andere zu beschenken und am eigenen Reichtum teilhaben zu lassen und so Großzügigkeit zu demonstrieren, andererseits den Mitgliedern des eigenen Stammes wie den Gästen aus anderen Stämmen den persönlichen Reichtum vorzuführen. Besonders diese Art des Potlatch weitete sich im 19. Jahrhundert mit dem durch den Pelzhandel erzielten Reichtum zu ruinösen Wettkämpfen zwischen rivalisierenden Häuptlingen aus, bei denen keine Geschenke mehr ausgetauscht, sondern die zur Schau gestellten Güter zerschlagen, verbrannt oder ins Meer geworfen wurden. Handelte es sich um Sklaven, wurden sie getötet.

Die indigenen Völker Arizonas und Neumexikos kannten keine sozialen Klassen; selbst den Pueblo-Völkern, bei denen

die Häuptlingspositionen immer aus den gleichen Familienlinien besetzt wurden, galt keiner dieser Führer als Angehöriger
einer höheren Klasse. Dagegen existierte im Osten, in den Plains
und Prärien ein differenziertes Sozialgefüge, das zumal bei der
Mississippi-Kultur, den Natchez und benachbarten Völkern
deutliche Parallelen zu mittelamerikanischen Kulturen aufwies.
Hier stimmten vor allem die Grundprinzipien von Wirtschaft,
Gesellschaft, Regierung und Kriegsführung überein; der Kontakt mit den Weißen brachte jedoch eine Steigerung der Bedeutung ökonomischer Faktoren für die Rangstellung des Einzelnen und für die Art der Kriegsführung mit sich.

Die Natchez im südöstlichen Waldland waren das einzige
Volk, dessen Sozialgefüge unseren Vorstellungen von Klas-
sengesellschaft nahe kommt. An der Spitze stand die Adelsklas-
se, gegliedert in Sonnen, Edle und Geehrte, am unteren Ende
fanden sich die «Stinker», das gemeine Volk. Bei den östlich
lebenden Creek dagegen wurden die Häuptlinge und Kriegsführer wie fast überall aufgrund von Leistung und Erfolg bestimmt.

II. Männer- und Frauenbünde

Indianische Bünde beruhten nicht auf dem Prinzip der Bluts-
verwandtschaft, sondern bildeten sich auf der Grundlage von
Alter, Geschlecht, Religion oder gemeinsamer Interessenlage.
Ihr Ziel bestand in gegenseitiger Hilfeleistung, gemeinsamer
Freizeitgestaltung, erzieherischen Maßnahmen und sozialer
Kontrolle. Dünn besiedelte Gebiete hatten kaum Bünde, wäh-
rend große Stämme sogar ein ausgeprägtes Bundwesen entwi-
ckelten.

Bei den fünf Plains-Stämmen (Mandan, Blackfoot, Hidatsa,
Gros Ventre und Arapaho) waren nach Alter gestufte Bünde beliebt; hier und bei anderen Stämmen kannte man auch die Krie-
gerbünde, in die man sich einkaufen musste, indem der Vater
für die Söhne ein Pferd, eine Decke, später Pulver und Blei gegen das Bundeslied, den Tanz und die Knochenflöte eintauschte.
Zu den Altersbünden der Frauen, in die der Vater seine Töchter
ebenfalls einkaufen musste, zählten bei den Mandan und Hidat-

sa zum Beispiel der Flintenbund, der Flussfrauenbund, der Heu-
frauenbund (Mitglieder der beiden letztgenannten Bünde tanzten den Skalptanz) und die Gesellschaft der Weißen Bisonkühe.
Bei ihnen gab es auch Frauenbünde, die nach Interessen- oder
Berufsgruppen (Landwirtschaft, Gerberei, Perlenstickerei et
cetera) gegliedert waren; mitunter schlossen sich Frauen auch
medizinischen oder zeremoniellen Bünden an.

Bei den Pueblo-Indianern gab es neben den Kachina-Bünden
eine Vielzahl von zum Teil geheimen Bünden, deren Aufgabe
in Heilungsmagie (deshalb oft Medizinbünde genannt), Regen-
magie, Fruchtbarkeitsmagie, Jagdmagie sowie Kriegsmagie bestanden. Der wichtigste Aspekt des Bündewesens bei den Pueblos wie anderswo war das Eintreten für das Wohlergehen der
gesamten Gesellschaft und nicht des Einzelnen.

Auch an der Nordwestküste gab es Geheimbünde, die ebenfalls Heilungs- und Fruchtbarkeitsmagie betrieben und meist als
religiöse Bünde galten. Bei den Kwakiutl, aber auch bei den
Nootka, Bella Coola und einigen Tsimshian, gab es die kanni-
balischen Tänzer (meist Inhaber bedeutender politischer Äm-
ter), von denen man annahm, sie seien von einem bösen Geist
besessen, der Nichtmitglieder veranlassen könnte, Menschen-
fleisch zu essen. Die Algonkin an den Großen Seen kannten den
Midewiwin- oder Großen Medizinbund, der mit dem durch
Pelzhandel erworbenen Reichtum an Bedeutung gewann und
Männer wie Frauen als Mitglieder zuließ, die als Krankenheiler
tätig und bereit waren, Lehrgeld zu zahlen und anstrengende
Studien auf sich zu nehmen. Doch einmal im Amt, kamen sie zu
Wohlstand, weil ihre Heilkünste gut entgolten wurden.

Bei den Irokesen im Nordosten hielten Ackerbauvereinigun-
gen das ganze Jahr über meist viertägige Zeremonien ab, die
Namen hatten wie etwa Ahornsirup-, Pflanz- und Grünmais-Zeremonie. Der Falschgesichter-Bund bestand aus Krankenheilern,
die beim Heilungsritual Rasseln schlugen, Asche streuten und
geschnitzte, grotesk verzerrte Gesichtsmasken trugen, deren
Hässlichkeit böse, Krankheiten verursachende Geister vertreiben sollte. Mit Ausnahme der Hüterin der Falschgesichter waren
nur Männer zu diesem Bund zugelassen.

In präkolumbianischer Zeit, so nimmt man an, existierten fast nur Männerbünde; dass es nur wenige Frauenbünde gab, erklärt sich auch aus dem Zeitmangel, dem Frauen unterlagen, wenn sie allen Verpflichtungen nachkommen wollten, die ihnen Familie und Stamm auferlegten.

12. Krieg und Gewalt

Kriege wurden bei den Indianern nicht aus Expansionslust, sondern aus wirtschaftlichen Gründen geführt. Angriffskriege fanden statt, um die Herrschaft über Nahrung oder Bodenschätze zu erringen. Immer wieder gab es auch Auseinandersetzungen zwischen den Eskimos und den südlichen Nachbarn, den Athapasken und Algonkin, über Jagd- und Fischfanggründe. Stammesfehden nahmen nach dem Kontakt mit den Europäern zu, weil es galt, pelztierreiche Gebiete zu kontrollieren, und weil die politische Organisation der Stämme beträchtlich zugenommen hatte. Die Einführung des Pferdes förderte zumal bei den Indianern in den Plains und auf dem Plateau kriegerische Neigungen. Die aggressivsten Gruppen gab es an der Nordwestküste, bei den südwestlichen Athapasken (vor allem den Apachen), in den Plains und im Osten. Ganz generell galten besonders in den Plains Raub, Rache, Pferdediebstahl oder Gefangennahme als Kampfmotive, die einem Krieger Prestige brachten.

Verteidigungskriege waren notwendig, um Wohnung, Dorf, Frau und Kind zu schützen und die Einheit von Gruppe oder Stamm zu wahren. In den Plains, den Prärien und im Osten galt die Führung von Kriegen als wesentlicher Bestandteil indianischer Kultur. Bei den Irokesen zogen im 17. Jahrhundert bis zu 1000 Krieger in den Kampf, eine Zahl, der andere indianische Stämme nichts Vergleichbares entgegenzusetzen hatten. In den Häuptlingstümern des Südostens war die Teilnahme an Kriegszügen nicht – wie anderswo – freiwillig, sondern konnte von Häuptlingen wie Große Sonne oder Powhatan angeordnet werden. Militärisches Fachpersonal, das sich allein mit Fragen der Kriegsführung befasste, gab es allerdings nirgendwo. Es wird zwar von einem Kriegshäuptling auf Dauer bei den Stämmen in den Prärien und im Osten berichtet, doch im Kriegsfall standen ihm Laienführer zur Seite; das Amt des Kriegshäuptlings auf Dauer gab es vermutlich erst nach der Begegnung mit dem weißen Mann. Auch die Dörfer der Pueblos, die als eher friedlich galten, hatten einen Kriegspriester, der sie bei der Abwehr von Überfällen der Navajos und Apachen führte.

Als Voraussetzung für den Kampf galten körperliches Training, Belastbarkeit, Absage an die Genusssucht und Gehorsam gegenüber den Anführern. Um die Mächte der Übernatur gnädig zu stimmen, musste der Kriegsführer fasten und sexuelle Enthaltsamkeit üben; darin folgten ihm andere. Der Kampf selbst fand zu Fuß statt, und zwar von Mann zu Mann. Das Skalpieren war bereits vor der Ankunft der Weißen bei manchen indianischen Völkern üblich; es wurde von den Waldindianern des Ostens jedoch erst dann häufiger praktiziert, als die Weißen begannen, Kopfprämien auf getötete Indianer auszusetzen. Diese Praxis drang allmählich bis zu den Stämmen der Plains vor. Doch maß man auch dort Tapferkeit und Wagemut eines Kriegers eher an der Zahl der Coups als der Skalps. An der Nordwestküste, wo nur die Tlingit Skalps nahmen, galten abgeschlagene Köpfe als Kriegstrophäen und wurden auf hohen Stangen vor dem Dorf aufgestellt. Bei manchen Stämmen war der Coup mehr wert als das Töten. Gegen Ende der indianischen Zeit wurde das Skalpnehmen immer wichtiger, vielleicht auch deshalb, weil die Auseinandersetzungen immer erbitterter geführt werden mussten. Der Skalp selbst wurde als Siegesbeute – manchmal sogar im Medizinbündel – aufbewahrt, als Schmuck am eigenen Gewand oder am Pferdegeschirr getragen oder an einer Stange vor dem Zelt zur Schau gestellt.

Es gab auch andere Gewalttaten: Viele Eskimos zum Beispiel töteten einer Frau wegen und konnten sogar durch einen Mord ihren gesellschaftlichen Status verbessern. Rache an den Mördern nahm man durch einen Überraschungsangriff oder die Herausforderung zum Ringkampf. Bei Mord verlangten die Yurok und ihre Nachbarn in Kalifornien als Gegenwert den Brautpreis der Mutter des Opfers. Auch Frauenraub führte häufig zu Feindseligkeiten, so zwischen den Shoshonen und den Paiute, Ute und Mojave, zwischen den Cree und ihren Nachbarn. Fast alle Indianervölker an der Nordwestküste von Alaska bis zum südlichen Oregon haben bei ihren Überfällen auch Sklaven gemacht und sicher gestellt, dass der Sklavenstand erblich war. Die Irokesen und ihre Nachbarn regelten Streitigkeiten zwischen verwandten Gruppen und sogar zwischen den Stämmen mit Blutgeld in Gestalt des Wampums, der «weißen Schnüre» und Bänder aus weißen und blauschwarzen Muschelscheiben oder Perlen. Bei den Stämmen des Ostens gab es auch den Marterpfahl, an dem männliche Gefangene Stunden oder Tage lang zu Tode gequält wurden; der Marterpfahl mag Teil eines Fruchtbarkeitsrituals gewesen sein, denn die Überreste der Feinde wurden nach deren Tod oft verzehrt. Die Opferung eigener Leute und Kriegsgefangener, eine aus Zentralamerika übernommene Praxis, gab es zur Besänftigung machtvoller Geister in den Küstenebenen von Louisiana über Florida bis hinauf nach Virginia und auch bei den Pawnee in Nebraska.

13. Der Lebenszyklus

Alle Gesellschaften der Welt kennen Ereignisse oder Phasen im Leben des Einzelnen, die den Übergang von einem gesellschaftlichen Status zu einem anderen markieren. Bei nahezu allen Indianerstämmen wurden Geburt und Kindheit, Namensgebung, Pubertät und Tod solchen Durchgangsriten (*rites des passages)* zugerechnet und zumeist von rituellen Feiern begleitet. So haben die Bewohner der Nordwestküste mit ihren differenzierteren Gesellschaften Ereignisse wie die ersten Zähne oder die ersten Schritte des Kindes oder seine Aufnahme in einen Bund ebenfalls als wichtigen Anlass gefeiert.

Bei der Geburt stand bei einigen Stämmen nicht das Kind, sondern die Mutter im Zentrum des Interesses; man glaubte, sie befinde sich in einer von übernatürlichen Kräften herbeigeführten Gefahr, die den Männern der Gruppe, ihrem Wohlbefinden und Jagdglück zum Nachteil gereichen könne. Deshalb wurden schwangere Frauen bei vielen indianischen Völkern von ihrer

Gruppe abgesondert und bestimmten Nahrungs- und Hand-
lungstabus unterworfen. Die von einer oder mehreren (Medi-
zin-)Frauen begleitete Geburt vollzog sich meist in der Geburts-
hütte oder dem Geburtstipi. Die Nabelschnur wurde aufbewahrt, bis das Kind älter und die Nachgeburt begraben war.
Am Ende ihrer Abgeschiedenheitsphase badete die junge Mutter, zeigte sich mit ihrem Kind der Öffentlichkeit, und alle feierten ein Fest. Dabei wurde das Kind der Sonne, dem Mond oder
den übernatürlichen Mächten dargebracht.

Die Namensgebung erfolgte gewöhnlich nach der Geburt,
wenn das Kind dem Vater, dem Klan oder der *Band* vorgestellt
wurde oder sobald sich charakteristische, für die Namenswahl
bedeutsame Eigenschaften herausbildeten. Bestimmenden Einfluss hatten auch die Namen des Klans, Träume des Vaters oder
der Mutter oder der Wunsch, an einen Vorfahren zu erinnern.
In vielen Stämmen erhielten Mädchen bei der ersten Menstruation, Knaben bei der Initiation einen neuen Namen, ebenso bei
der Erlangung eines Schutzgeistes, bei gesellschaftlichem Aufstieg, beim ersten Waffengang. Man konnte dann seinen alten
Namen ablegen, wovon viele Gebrauch machten. Jemanden direkt mit Namen anzusprechen, galt bei vielen Stämmen als un-
schicklich; man wählte stattdessen Spitznamen.

Fast alle nordamerikanischen Indianer besaßen Tabus und
rituelle Vorschriften für erstmals menstruierende Mädchen – die
sie auch während ihres Erwachsenenlebens bis zur Menopause
zu beachten hatten –; denn man glaubte, die Menstruation be-
einflusse das Alltagsleben und das Menstruationsblut könne
den Jägern, dem Wild und der Welt der Übernatur gefährlich
werden. Deshalb wurden die Mädchen isoliert, mussten eine
Diät einhalten und durften die Ausrüstung der Jäger nicht be-
rühren. Danach wurde ein Fest gefeiert und das Mädchen für
heiratsfähig erklärt. Für die Jungen bedeutete Initiation nicht
nur Schwitzbäder, Isolation, Fasten und Visionssuche – manchmal unterstützt durch visionsfördernde Drogen –, sondern
auch, wo es kulturgerecht war, die Übergabe von Pfeil und Bogen, Jagdteilnahme sowie Aufnahme in den Männerbund und
Einweihung in seine Geheimnisse.

Höchste Aufmerksamkeit beanspruchte der Tod. Die häufigste Ursache für sein vorzeitiges Eintreten war vor Ankunft der Europäer bei den Frauen der Tod im Kindsbett, bei den Männern der Krieg, nach ihrer Ankunft der Tod durch von ihnen eingeschleppte Krankheiten. Generell gab es die höchste Todesrate bei Kleinkindern. Als Zeichen der Trauer galten Speiseopfer am Grab; in den Plains opferte man meistens auch das Lieblingspferd, an der Nordwestküste einen Sklaven, bei den Natchez eine Ehefrau. Die Kleinstämme in Kalifornien trauerten mit Wehklagen und Geschrei, mit langen Zeremonien und Jahresgedächtnis. Die Hopi weinten am Todestag, mehr noch am ersten Jahrestag des Todes. In vielen Stämmen legte man jeden Schmuck ab und schwärzte sich das Gesicht; manchmal brachte man sich an Armen und Beinen Schnittwunden bei, zum Zeichen übergroßer Trauer.

Diese Durchgangsphasen im Leben eines Menschen galten den Indianern als äußerst gefährlich, weil sie dem Einfluss übernatürlicher Mächte zum Guten wie zum Bösen besonders ausgesetzt waren. Deshalb sollten begleitende rituelle Handlungen böse Geister bannen und guten Einlass gewähren.

4. Die indianischen Religionen

Der von Weißen geprägte Begriff »indianische Religionen« bezeichnet nur unzureichend jene Zusammenhänge, die das religiöse Leben der Indianer Nordamerikas bestimmen. Die Vorstellung, einer sich von anderen unterscheidenden ›Religion‹ anzugehören, war ihnen fremd. Ihre Gesellschaften und Kulturen sind von einer Spiritualität geprägt, die alle Bereiche des Lebens der Gemeinschaft und des Einzelnen durchdringt. Ob es sich um Sonnentanz- oder Schwitzhüttenzeremonie, um Kachinas oder Medizinbündel handelt, sie alle stellen zeremonielle Aspekte der indianischen Welt dar, in der von Gemeinschaften, Klans, Familien oder Einzelpersonen zahllose, täglich oder periodisch wiederkehrende Riten praktiziert werden. Diese stel-

len Lebens- und Handlungsabläufe im Kontext ihres übernatürlichen Weltverständnisses dar und werden erst von uns durch
die Bezeichnung «religiös» ausgesondert. So beginnen zum Beispiel fast alle Gebete der Osage mit einer Hinwendung zu Himmel und Erde, zu «Wakonda da oben» und «Wakonda da unten», den beiden Kraftzentren des Universums. Dieses Prinzip
der spirituellen Einheit in der Dualität spiegelt sich sowohl in
der Anlage ihrer Dörfer als auch in ihren Heiratsbräuchen.
Jedes Dorf ist durch eine Ost-West-Straße in zwei Hälften
geteilt, das heißt in Honga und Tsizhu, ‹Himmel und Erde›. Beide zusammen erst bilden eine Einheit; diese Überzeugung soll
durch die Heirat eines Partners aus der einen Hälfte mit einer
Partnerin aus der anderen stets lebendig gehalten werden.

Diese von fast allen nordamerikanischen Stämmen geteilte
ganzheitliche Weltsicht beruht auf einer Ordnung des Seins, der
zufolge es auf keiner Ebene des Geschaffenen, seien es Pflanzen,
Tiere oder Menschen, eine Über- oder Unterordnung gibt. Aus
solch einer holistisch verstandenen Ordnung folgt die Abhängigkeit aller Dinge und aller Wesen von allem anderen; in ihr
gründet auch das Prinzip der «Achtung vor dem Leben», das in
zahlreichen Riten Ausdruck gefunden hat. So wird die Ernte,
das Erlegen eines Bison oder der Gang in den Krieg von Gebeten und Zeremonien begleitet, in denen man sich der Komplexität des geplanten Handelns oder der Problematik des Tötens
bewusst wird und nach dem Konzept der Geschwisterlichkeit
das Mitgeschöpf vor der Tat um Verzeihung bittet und gegebenenfalls Sühne anbietet.

Fast noch größere Bedeutung genießt bei den Indianern
aber das Prinzip der Gemeinschaft. Beim Sonnentanz der Lakota lautet das meist geäußerte Wort: «Auf dass die Menschen leben!», was Mitsorge für andere ausdrückt. Der Gegensatz zur
europäisch-amerikanischen Denktradition mit ihrer Betonung
des Individuums ist hier offenkundig. Selbst die nur vom Einzelnen zu praktizierende Visionssuche wird von den Gebeten
der Gemeinschaft begleitet, der letztlich auch der Erfolg dieser
Suche zugute kommt. Es ist die Gemeinschaft, die Identität
stiftet.

Ein weiteres Prinzip indianischer Weltsicht ist die Verbunden-
heit der Gruppe, des Stammes mit dem Raum, dem Land. Die
Struktur der Grünmais-Zeremonie, der Plan für die Kiva der
Pueblos, das Baumuster für die Schwitzhütte und die Richtun-
gen bei der Pfeifenzeremonie haben alle einen unmittelbaren Be-
zug zur räumlichen Umwelt, ja zum Kosmos insgesamt. Der
Himmel ist für viele Stämme (etwa die Pawnee und Bella Coola)
Quell des Lebens oder wie im Falle der Pueblos und Navajos
Ort der Stabilität. Der Raum ist Lebensmitte, fest verankert
zwischen den vier Himmelsrichtungen und dem Oben und
Unten, Vater Himmel und Mutter Erde, den sechs Richtungen
mithin, in deren Mittelpunkt sich der eigene Stamm befindet.
Sie sind Zentren der Stärke, die dem Einzelnen wie der Gemein-
schaft in Zeremonien und Gebeten als Kraftquell dienen. Neben
diesen spirituell durchwalteten Großräumen gibt es auf dem
Gebiet vieler Stämme auch lokale Kraftzentren, so etwa die
Black Hills bei den Sioux, den Mount Graham bei den San-
Carlos-Apachen und den Blue Lake der Taos Pueblos. In sol-
chen Orten manifestiert sich das Heilige Geheimnis oder die
Heilige Macht, manchmal einfach der «Große Geist» genannt.
Er ist letztlich der große Unbekannte, der sich in der Schöpfung
äußert als das Geheimnis der sechs Richtungen, als Sternen-
konstellation oder als das Wunder einer bunten Feder. Alles Ge-
schaffene ist beseelt, gilt als ‹lebendig›: Flüsse und Felsen, Wäl-
der, Hügel und Berge, Mineralien und Pflanzen, Menschen und
Tiere, sie alle sind mit Wahrnehmung begabt und von heiliger
Kraft erfüllt, von der Kraft der Geister.

Der Ursprung der indianischen Religionen liegt in der Zeit
vor der Einwanderung. In Erzählungen, Mythen und Legenden
sowohl der Lappen in Nordeuropa wie der Samojeden in Nord-
sibirien als auch der Algonkin im östlichen Kanada findet sich
als feste Konstante der Glaube an die Welt der Geister, die das
ganze Universum mit Leben erfüllen. Aus diesem Verständnis
heraus haben sich viele religiöse Praktiken wie Tierkulte und
Jagdtabus, Pubertätsriten und Schamanismus entwickelt.

Wenn man Religion (von lat. *religare*) als Rückbindung des
Menschen an die Welt der Übernatur definiert und das Über-

natürliche als jenen Bereich, der über den Anspruch und die Leistungsfähigkeit des Menschen hinausgeht, dann kann man begründet von indianischen Religionen sprechen, wenn auch angesichts der unpersönlichen Geistervorstellung nicht von einem monotheistischen Glaubenssystem, das einen persönlichen Gott kennt, die Rede sein kann. Da die weltanschaulichen Vorstellungen und Bezeichnungen der indianischen Völker lange Zeit kolonialem Druck und missionarischem Eifer ausgesetzt waren, verwundert es nicht, wenn es zu christlichen Überformungen und Umdeutungen gekommen ist und in jüngerer Zeit weiße Esoteriker die rechte Ausübung indianischer Religion für sich reklamieren.

I. Mythen und Erzählungen

Im Gegensatz zu den monotheistischen Religionen der Juden, Christen und Moslems, die ihren Glauben auf heilige Texte, das heißt geschriebene Zeugnisse gründen, wurden die Mythen der Indianer über die Erschaffung der Welt und des Menschen, über Götter und Geister, Leben und Tod nur mündlich tradiert. Diese Überlieferungen bezeichnen die Indianer selbst nicht als Mythen, sondern als «Geschichten», «Traditionen» oder «heilige Erzählungen», das heißt als wahre Geschichten. Sie sind überzeugt, dass die erzählten Ereignisse wirklich stattgefunden haben, dass sie Weltsicht und moralische Wertvorstellungen ganzer Völker enthalten und somit die spirituelle Lebensgrundlage der indianischen Nationen darstellen.

Fast alle indigenen Völker haben ihre eigenen Schöpfungsgeschichten; diese beziehen sich auf jene ferne Vergangenheit, in der die Tiere noch den Menschen ähnlich waren und mit menschlicher Zunge sprachen. Das oberste Wesen, das wir uns aufgrund unserer Weltsicht meist als Schöpfer der Welt vorstellen, spielt in vielen Genesis-Geschichten der Indianer eine eher unwichtige oder unbestimmte Rolle. So zieht es sich vielfach zugunsten anderer Wesen zurück und überlässt den Kulturheroen oder Trickstern, den Zwillingen oder den Altvordern des Stammes die Bühne, die alle (noch) mit dem Ursprung des Seins in

Verbindung stehen. Diese Kulturheroen leben zwar im Zeitalter nach der Erschaffung der Welt, jedoch bevor diese mit Menschen bevölkert wurde. Viele Stämme Nordamerikas (mit Ausnahme des Südwestens, der pazifischen Nordküste und der Arktis) sehen ihren Ursprung in Verbindung mit dem Wasser und dem Meer; verschiedene Wesen (meist Tiere) bringen Schlammklumpen nach oben und formen daraus die Erde. Man begegnet immer wieder dem Motiv des Erdtauchers, der den Erdbrocken entweder dem Kulturheros übergibt oder selber bei der Erschaffung der Welt mitwirkt.

Eine ganz andere Idee findet sich in einem Genesismythos der Yuma in Arizona, der die Geschichte vom Werden der Welt, der Tiere und Menschen anhand eines Zwillingspaares erzählt: Der eine, Kokomaht, figuriert als Vater und Schöpfer des Alls, der andere, sein Bruder Bakotahl, als Vater des Bösen. Anders als hier können die Zwillinge der Genesismythen auch zwei Mädchen oder Bruder und Schwester oder Mensch und Tier sein. So gehört etwa der Schöpfungsheros im Gebiet der Großen Seen, der große Hase Nanabozho, zum Zwillingstypus Tier-Mensch. Von Vancouver Island nordwärts gilt der Rabe als Heros, im Golf von Georgia der Nerz, in den Staaten Washington und Oregon der blaue Häher. Bei den Stämmen im Südwesten (etwa den Laguna Pueblos) ist es die Spinne, welche die Welt erschafft; in den Ursprungsmythen des Nordostens, insbesondere bei den Völkern der Irokesen, ist die Schildkröte Schöpferin der Welt, die auf ihrem Rücken ruht. – Es gibt also viele Schöpfungsmythen, fast so viele, wie es Stämme und Nationen gibt.

Ähnlich ist es mit der Welt der Übernatur; es gibt zahlreiche Geister und Götter, Kulturheroen und Trickster, die Schöpferkraft besitzen; es gibt Schamanen, «Medizinmänner» und Priester, welche die Wege zum Übernatürlichen verwalten und kontrollieren. Schon in der Jugend sucht man sich einen Schutzgeist, von dem man bei der Jagd und im Falle von Krankheit und Unglück Hilfe erwartet. Doch wenn er versagt, zieht man einen Schamanen zu Rate, dem stärkere Geister zu Gebote stehen.

2. Geister, Götter, Manitus

Weil die religiösen Grundannahmen und Praktiken bei den indigenen Völkern Nordamerikas nur mündlich tradiert wurden, fehlt es im Bereich der praktizierten indianischen Religionen weitgehend an dogmatischen Festlegungen. Andererseits gibt es aber auch immer wieder überraschende Neuerungen, die auf persönliche Visionen und den Kontakt mit übernatürlichen Kräften zurückgehen. Erst im 19. Jahrhundert haben Völkerkundler, Religions- und Kulturforscher indianische Erzählungen und Mythen schriftlich fixiert, und zwar zunächst aus der weißen Verständnis- und Deutungsperspektive heraus. Erst später versuchte man, die überlieferten Texte so vorurteilsfrei wie möglich aufzuzeichnen.

Die ersten Kontakte zwischen Europäern und Indianern standen freilich noch unter anderen Prämissen: Ziel der Neuankömmlinge war es, – wie die Huronenmission der Jesuiten (1634–1650) am St.-Lorenz-Strom zeigt – eine völlig neue, europäische Form der Spiritualität zu etablieren. Dabei stellten die Missionare beispielsweise dem von ihnen als Zauberer, Magier oder Scharlatan bezeichneten Medizinmann oder Schamanen die abendländisch-christliche Vorstellung des Amtspriesters entgegen, der nicht durch persönlichen Kontakt mit transzendenten Mächten, sondern durch seine Weihe und das ihm verliehene Amt legitimiert ist. Weitere Schwierigkeiten zeigten sich bei bestimmten, Europäern durchaus geläufigen Differenzierungen. Begriffe wie heilig und profan, übernatürlich und natürlich lassen sich bei den Indianern nicht säuberlich trennen, da sie auf einer lebendig erfahrenen Wirklichkeit beruhen, die ganz von der Vorstellung übernatürlicher Kräfte bestimmt ist.

Das Übernatürliche bezeichnet bei den Indianern im wesentlichen die Welt der unsichtbaren Mächte und Geister, die bei den Aleuten *agudar* heißt, bei den Lakota-Sioux mit der Vorstellung von *wakan* verbunden ist, bei den Algonkin *manitu* und bei den Crow *maxpe* genannt wird. *Wakan* bedeutet «etwas» (*wa*) – sei es Fels, Tier, Baum oder Mensch –, das aufgrund seines Ursprungs oder seiner Wirkung «übernatürlich, magisch und geheimnisvoll» (*kan*) ist; *tanka* heißt Wesen. *Wakan tanka* bedeutet bei den Lakota daher übernatürliches Wesen, das zwar als *ein* Wesen begriffen wird (Schöpfer, Großer Geist), aber viele Aspekte oder Gesichter aufweist (und auch *wakan pi* heißen kann: die Übernatürlichen, die alles zu jeder Zeit auf der Welt kontrollieren, aber nicht nur als Schutzgeister, sondern auch als böse Geister walten). Genau genommen sind es vier mal vier hierarchisch gestufte Wesen, die auch Götter oder Geister genannt werden: Die Sonne ist *wakan tanka*, der Himmel, die Erde und der Fels. Der Mond ist *wakan tanka*, der Wind, das tosende Meer und der Donnervogel. Der Bison ist *wakan tanka*, der Bär, die vier Himmelsrichtungen und der Wirbelwind. Der Geist ist *wakan tanka*, der Lebensgeist, der Verstand und das immaterielle Selbst der irrationalen Dinge.

Bei den Algonkin verbindet sich der Glaube an eine omnipotente, unpersönliche, magische Lebenskraft, die sich in allen belebten und unbelebten Erscheinungsformen der Welt findet, mit dem bekannten Begriff *manitu*. In seiner Bedeutung «heilig», «übernatürlich», «geheimnisvoll» kann die Bezeichnung auf jeden Geist, seien es nun Visionsgeister, gute oder böse Naturgeister oder das Höchste Wesen, angewandt werden. Insofern sind alle großen Naturerscheinungen (Sonne, Mond und Sterne, Wind, Feuer und Wasser, Seen und Flüsse, Vögel und andere Tiere) *manitus*. Oft wird die dem *Manitu* innewohnende übernatürliche Kraft einem Höchsten Wesen zugesprochen. Wenn gerade dieser Aspekt betont werden soll, sprechen die Fox-Indianer «von einem sehr großen *Manitu*», die Algonkin südlich der Großen Seen von *Kitche Manitu*, diejenigen im primitiveren, entfernten Norden vom «Herrn der Tiere». Eine weitere Bezeichnung für die Kräfte der übernatürlichen Welt ist bei den Irokesen der Begriff *orenda*, der eine unpersönliche, unsichtbare Macht im gesamten Universum, nicht aber einen Geist oder eine Gottheit bezeichnet. Zur Geisterwelt gehört auch der Glaube an Tiergeister, der sich vor allem in der Arktis und Subarktis, aber auch bei jagdtreibenden Stämmen des nordöstlichen Waldlandes und bei den Prärie- und Plains-Indianern findet. Auch

die Irokesen glauben an Tiergeister, aber auch an andere übernatürliche Wesen, zu denen unter anderem der «Meister des
Lebens» zählt, der aber nicht – wie die Europäer meinten – ein
großer persönlicher Gott ist, sondern nur eines unter vielen
übernatürlichen Wesen.

3. Kulturheroen und Trickster

In den Vorstellungen der Indianer spielt eine Gestalt eine bedeutsame Rolle, welche die Welt nach ihrer Erschaffung zugunsten der Menschen verändert, umgestaltet und verbessert hat:
Es ist der Kulturheros oder Trickster. Er entstammt der Mythologie und ist ein übernatürliches Wesen aus grauer Vorzeit, das
im Verlauf seiner Entwicklung immer stärker zu einer possen-
haften, ungezügelten, fresslustigen, ja geilen Figur geworden ist.
Zwar hat er die Welt transformiert, ihr in der Frühzeit das
Feuer, nützliche Gerätschaften und die Kulturtechniken, darüber hinaus kulturelle und religiöse Institutionen sowie Sitten
und Gebräuche gebracht; außerdem hat er in der Mythologie
etwa der Klamath (Oregon) und Modoc (Kalifornien) das oberste Wesen gelegentlich als Schöpfer ersetzt oder dessen Stellung
usurpiert, doch wurde durch die Zurschaustellung seiner vielen
Schwächen und Widersprüche seine Entwicklung zum Trickster
nachhaltig befördert. In dieser Eigenschaft reißt er Possen und
spielt Schabernack mit den Geschöpfen, gibt sich hinterhältig,
gierig und sexbesessen. Trotzdem ist er ein Schöpfer, Vermittler
und Lehrer, der zwischen dem Übernatürlichen und der Welt
des Menschen Brücken schlägt. Er ist aber nicht nur wegen dieser Eigenschaften und Fähigkeiten ein Kulturheros, sondern
auch in seiner Rolle als Transformer, denn Schöpfung wird in
vielen indigenen Kulturen Nordamerikas nicht als einmaliger,
abgeschlossener Akt begriffen, sondern als andauernder, wenn
auch widersprüchlicher Prozess.

Bei den Sioux-Stämmen der nördlichen Plains wie den Crow
ist «Alter Mann Coyote» als Schöpfer und Trickster bekannt.
Er weist eine gewisse Verwandtschaft zu anderen Trickster-
Figuren auf, und es werden ihm auch weltschöpferische Leis-

tungen zugeschrieben. Den Winnebago aus der Sprachfamilie der Sioux sind zwei Trickster-Gestalten vertraut, der Hase und der alte Mann. Bei den Ojibwa heißt der Kulturheros Nanabozho, «großer Hase». Er wächst im Haus der Großmutter auf, stiehlt den Nachbarn das Feuer und bringt den Tod in die Welt, als er sich an seinem Zwillingsbruder rächt, dessen Geburt die Mutter das Leben kostete. Zu den Kulturheroen der postmythischen Zeit zählen auch der Seneca Deganawida und der Mohawk Hiawatha, die Gründer der Irokesenliga. Um Coyote, um Rabe und Nerz, um Nanabozho, um Gluskab in Neuengland oder um Kaninchen bei den Seminolen, um sie alle ranken sich Geschichtenzyklen, in denen diese Trickster-Helden stellvertretend für den Zuhörer Dinge tun, deren er nicht fähig ist oder die ihm die sozialen Konventionen verbieten.

4. Schamanen und Heiler

Wo es Menschen gibt, da gibt es Leid und Krankheit. Davon ist nicht nur der Einzelne betroffen, sondern die Gesellschaft und nach der indianischen Auffassung von der Komplementarität der diesseitigen und jenseitigen Welt auch das Universum. Deshalb haben sich die Indianer Institutionen geschaffen, die ihnen in Notlagen helfend zur Seite stehen. Zu diesen Hilfen zählt eines der ältesten Heilrituale der Menschheit, der Schamanismus. In seiner Mitte steht jener religiöse Praktiker, der unter dem Namen «Schamane» bekannt geworden ist, ein Terminus, der vom ewenki-tungusischen *šaman* (möglicherweise aus der Wurzel *sa-* für «denken», «wissen») stammt. Ein Schamane sollte bei psychosomatischen Störungen die erforderlichen Kenntnisse, Fähigkeiten und Mittel besitzen, sicher mit Seelen umzugehen und Kontakt zu den das Leben auf Erden bestimmenden Jenseitsmächten aufzunehmen. Er sollte auch die Fähigkeit haben, sich in Ekstase zu versetzen, indem er sich dabei seiner leibunabhängigen, unvergänglichen Freiseele «entäußert» und sie ins Jenseits schickt. Dort, am Ursachengrund allen irdischen Geschehens kommt er seinen Aufgaben der Kontrolle und fürsorglichen Pflege der Tier- und

Menschenseelen nach, wobei er den Schutz helfender Geister genießt.

Dank dieser Befähigung zur Seelenreise ist der Schamane in der Lage, seine Funktion als Mittler zwischen Menschen und Geistmächten, Lebenden und Toten (den Ahnen), Diesseits und Jenseits wahrzunehmen, wobei es ihm darum geht, die Balance zwischen natürlicher und übernatürlicher Welt zu wahren. Diese Balance war entscheidend für das Überleben der Jäger- und Sammlerkulturen, deren Existenz vom Reichtum der Natur abhing.

Es ist dem Schamanen auch möglich, in der Ekstase Vorhersagen über Jagderfolg, Ernte- oder Kriegsglück zu treffen, in die Irre gegangene, von Zauberern oder bösen Geistern in ihre Gewalt gebrachte Seelen zu suchen, zu finden und wieder heimzuführen, ferner Schadenszauber abzuwenden und das Wetter zu beeinflussen. Seine Hauptaufgabe aber besteht darin, Krankheiten zu diagnostizieren und zu heilen. Dabei stehen ihm bestimmte Instrumente und Rituale zu Gebote, unter anderem Trommel, Gewand und Absaugrohr für Krankheitserreger und Tilgungszeremonien bei Tabuverstößen und Fehltritten. Schamanistische Vorstellungen und Praktiken erfüllen somit sozialpsychologische Funktionen und üben religiös-therapeutische Wirkung auf den Einzelnen wie auf die Gemeinschaft aus.

Obwohl die Schamanen/Schamaninnen oft mit Medizinmännern oder -frauen identifiziert werden, ist doch nicht jeder «Medizinmann» ein Schamane. Da der Begriff «Medizinmann» viele Bedeutungsnuancen aufweist und sich nicht eindeutig festlegen lässt, kommt die Bezeichnung «Heiler» mehr und mehr in Gebrauch. Heiler und Heilerinnen gehören häufig einem Medizin- oder Krankenheilungsbund (bei den Ojibwa zum Beispiel dem Midewiwin) an und haben in diesem Bund oder bei einem erfahrenen Heiler das nötige Wissen erlernt. Sie besitzen vielfach besondere Erfahrung in der Anwendung pflanzlicher Arzneien und Wirkstoffe wie etwa Digitalis, Chinin, Belladonna, Kokain, Kurare oder Brechwurz. Dabei können sie von Hilfsgeistern, mit denen sie kommunizieren, unterstützt werden. Sie greifen in der Ausübung ihrer Heilkunst wie auch die Schamanen oft zu magischen Mitteln wie Rasseln, Maskentänzen, Be-

schwörungen, Tabak und heiliger Pfeife. Wenn es auch Überschneidungen im Bereich der Techniken und Rituale gibt und
beiden – Schamanen wie Heilern – seherische Gaben zu eigen
sind, so besitzt allein der Schamane das Privileg ekstatischer
Fähigkeiten und die Berechtigung, Opferhandlungen vorzuneh-
men und die Zeremonien des Jagd- und Regenzaubers auszu-
üben, zu leiten oder zu beaufsichtigen.

Der Schamane ist kein Priester, den es bei den Pueblos und
anderen Gruppen auch neben dem Schamanen gibt; denn der
Priester ist Amtsträger einer bestimmten Religion, Diener eines
bestimmten Kultes und übt die von diesem vorgeschriebenen
Funktionen aus. Zudem sind dem Priester Ekstase und Beses-
senheit fremd. Außerdem ist der Schamane Hüter der Traditionen, politischer Berater, Tänzer und Sänger.

Schamane wie Heiler helfen, das in der Regel geheime, heilige
Wissen und die religiösen Praktiken im Stamm zu tradieren. Bei
den Pueblos etwa werden neue Mitglieder der Geheimgesell-
schaft in den Kivas mit dem Geheimwissen der Gesellschaft
vertraut gemacht, so dass bei öffentlichen Tänzen nur die Ein-
geweihten die Bedeutung der Gebete, der Handhabung der
Gebetsstöcke und anderer Zeremonien verstehen. Auch bei den
Prärie-Indianern gibt es Spezialisten, die den Sonnentanz vor-
bereiten, organisieren und durchführen, ohne dass andere von
ihrem Wissen Kenntnis haben. Die Navajos zählen ebenfalls
heilige Praktiker zu ihren Reihen, die Heilungszeremonien
ausführen und vertraut sind mit den Ursprungsgeschichten des
Stammes, den besonderen zeremoniellen Gesängen und Gebeten, den Masken und Trockenbildern, den Kräutern und Medi-
zinbündeln, die sämtlich die Gegenwart der Hilfsgeister ver-
sinnbildlichen und den Heilungsprozess unterstützen.

Dass es bei christlichen Evangelisierungsversuchen zu reli-
giös-kulturellen Zusammenstößen zwischen Schamanen und
«Schwarzröcken» kommen musste, leuchtet ein. Schamanen
und «Medizinmänner» erkannten in den Missionaren sogleich
ihre schärfsten Konkurrenten und diffamierten sie als Verur-
sacher von Trockenheiten und Epidemien. Selbst Taufen wurden als Schadenszauber zur Vernichtung des Stammes gebrand-

markt. Krankheit, Krieg und Hunger bildeten so den Hintergrund, vor dem sich der Konflikt zwischen indigener und europäischer Spiritualität entfaltete. Umgekehrt galt das Gleiche: Für die Missionare waren die Schamanen Leugner des wahren Gottes und Werkzeuge des Teufels.

5. Wege zur Erneuerung des Individuums

Um an der für Leben und Erfolg notwendigen Kraft des Überweltlichen teilzuhaben, muss der Mensch versuchen, sich die Geister wohlwollend zu stimmen, und sich davor hüten, bestimmte Tabus zu brechen. Zu den Mitteln und Wegen, sich diese Kraft anzueignen, zählen Träume, Visionen, Tänze und verschiedene andere Praktiken, wie etwa die Visionssuche oder die Pfeifenzeremonie. Sie alle nehmen in der Welt der Indianer einen herausragenden Platz ein, weil alle wichtigen Handlungen und Phasen ihres Lebens durch sie vorbereitet und begleitet werden. Grundlage der Rituale sind die religiösen Erfahrungen und Glaubensannahmen des jeweiligen Stammes, dessen soziale und kulturelle Komplexität ihre Gestalt bestimmt und prägt. So besitzen die Jäger- und Sammlerkulturen zum Beispiel nur wenige Rituale, weil es mit großen Schwierigkeiten verbunden war, den weit verstreut lebenden Stamm an einem Ort zusammenzuführen. Demgegenüber führten die Stadtkulturen der Pueblo-Indianer ein reiches rituelles Leben, das den Stamm das ganze Jahr hindurch begleitete.

Träume, Visionen, Visionssuche. Nach indianischer Auffassung öffnen Träume und Visionen Türen zur Welt des Übernatürlichen, den Quellen der Kraft. Weil der Mensch ohne diese nicht existieren kann, spielen sie im Leben eine zentrale Rolle. Zudem sind sie die Voraussetzung für die Erlangung eines persönlichen Schutzgeistes, der im Alltag, bei Krisen und Krankheiten, aber auch bei der Aufnahme in einen Geheimbund hilfreich ist. So glauben die Bewohner der Subarktis, des Plateaus und Hochbeckens an die Macht übernatürlicher Tiergeister, die ihnen in Traum und Vision erscheinen und in allen Lebenslagen zur Seite stehen. Die magische Lebenskraft, die das ganze Universum erfüllt, äußert sich in der Rede oder dem Gesang eines Objektes (wie Fels, Himmel, Erde, Sonne) oder einer Tiergestalt. Sie begründet eine Art Verwandtschaftsverhältnis zwischen Visionär (Anrede: «Du, mein Kind», «meine Tochter», «mein Sohn») und Traum-Wesen («Vater», «Mutter», «Großvater», «Großmutter»), das im Sprechen, im Gesang zur Quelle der Kraft für den Visionär wird. Durch rituelle oder symbolische Vollzugswiederholung (wie sie etwa die Krafterneuerungsriten der Geheimbünde darstellen) wird das Traumwesen jedes Mal wieder zum Medium der Erneuerung für den Einzelnen.

Zur Vorbereitung unterwerfen sich die Visionssuchenden mit Hilfe von Abführmitteln, Wasserbad, Schwitzhütte oder Inzens bestimmten Übungen innerer und äußerer Reinigung. Ihr eigentliches Ziel sind Visionen und Träume. Nur den religiös bedeutsamen Träumen, die durch Tanz oder Meditation, Fasten, Kasteiung oder Drogen hervorgerufen werden, kommt prophetische Bedeutung zu; dies um so mehr, wenn sie in Visionen übergehen. Persönlich erlebte (inhaltlich meist stereotype) Traum-Visionen sichern Individuen und Familien gesellschaftlichen Status.

Die bewusste, ein bis drei Tage dauernde Visionssuche eines Einzelnen stellt das rituelle Bemühen um die Herstellung der Verbindung zur Welt der Geister dar. Diese fast zur Institution gewordene Suche kann zwar in jedem Lebensabschnitt stattfinden, wird in der Regel aber als Abschluss von Pubertätsriten, als Vorbereitung auf den Dienst als Krieger, Heiler oder Schamane oder als Erfüllung eines Gelübdes unternommen. Die Visionserfahrung selbst bedarf schließlich der Deutung im Zusammenhang des eigenen Lebens und der Traditionen des Stammes.

Die Pfeifenzeremonie. Auch bei den nicht Ackerbau treibenden Stämmen Nordamerikas kommt dem Tabak, dem Tabakopfer und dem Rauchen der Pfeife eine wichtige rituelle Bedeutung zu. Die Pfeifen können aus Stein, Ton, Knochen, Holz oder Metall hergestellt sein. Die Tabakpflanze, von vielen als «die erste Pflanze» angesehen, die dem Menschen vom Schöpfer geschenkt wurde, gilt als heilig; daher war der Tabak nicht Genussmittel und Handelsobjekt, sondern Instrument zur Kontaktaufnahme mit der Welt der Geister. So wird er zum Beispiel wie Weihrauch verbrannt, in alle Himmelsrichtungen ausgestreut oder unverbrannt in die Luft geblasen. Ein klassisches Beispiel für das Rauchzeremoniell als Gebetshandlung und Zugang zur Welt der Übernatur stellt Black Elks berühmter Bericht über die heilige Pfeife und die Sieben Riten der Oglala Sioux dar. Darin ergreift beim Einatmen die transzendente Welt Besitz vom Rauchenden, beim Ausatmen wird er dann Teil dieser Welt, beim nochmaligen Einatmen kehrt er heil und gestärkt zu sich zurück.

Die Pfeife versinnbildlicht das ganze Universum, dessen Elemente – symbolisiert in den Tabakkrümeln – im Pfeifenkopf vereint sind. Indem man die Pfeife mit dem Stiel zuerst den Mächten der Himmelsrichtungen darbietet, wird die Einheit zwischen Mensch, Natur und Übernatur erneuert. Damit ist das Pfeifenritual Weg zur geistigen Vereinigung von Individuum und Geisterwelt und für den Einzelnen Mittel zur Gewinnung von Kraft und Stärke. Zugleich wird auch der Gemeinschaft Kraft zugeführt, wenn die Pfeifenzeremonie mit anderen vollzogen wird, wie etwa beim Rauchen des Calumet, der Friedens- und Freundschaftspfeife der Plains-Indianer.

6. Wege zur Erneuerung der Gemeinschaft

Der Kachina-Kult. Das Leben der Indianer ist durch und durch von der als real verstandenen Existenz überweltlicher Geister geprägt. Kulturelle Entwicklungen, die sich gerade im Bereich des Religiösen manifestieren, weisen bei einzelnen Stämmen und Gruppen jedoch häufig erhebliche Unterschiede auf. So hat sich zum Beispiel bei den Pueblo-Indianern aufgrund des von Wassermangel geprägten Bodenbaus zum einen das übermächtige Gefühl solidarischer Gemeinschaftsbindung und zum andern das starke Bedürfnis nach Beistand durch übernatürliche Mächte herausgebildet. Individuellen Übungen und Einrichtungen wie der Visionssuche und dem Schamanentum stehen die Pueblos skeptisch gegenüber; ihre therapeutischen Bünde und rituellen Vereinigungen betonen eher das Wohl der Allgemeinheit. Sie haben ebenfalls einen großen Reichtum an Zeremonien zur Kontaktnahme mit der Geisterwelt entwickelt, auf den etwa die Hopi und Zuni mehr als die Hälfte ihrer Arbeitszeit verwenden. Diese zeremonielle Vielfalt unterstreicht die Notwendigkeit des Zusammenspiels aller Kräfte des Universums mit dem Ziel harmonischen Ausgleichs.

Bei den Hopi in Arizona sind es die guten, machtvollen Geister der Verstorbenen, der Ahnen, Kachina [*katsina*] genannt – bei den Keresan heißen sie *Shiwana*, bei den Zuni *Koko* und bei den Tewa *Okhua* –, die als Mittler zwischen den Menschen und den höheren, über Regen und Wetter bestimmenden Mächten fungieren. Diese Kachinas durften, so glaubte man, einst in den ersten sechs Monaten des Jahres auf die Erde zurückkehren, um Regen und Wachstum zu bringen. Nach den Vorstellungen der Zuni leben die Kachinas in den Bergen oder im Kachina-Dorf auf dem Grund eines großen Sees, nach denen der Hopi entstammen sie wie die Menschen der Unterwelt. Da sie aber schon lange nicht mehr persönlich erscheinen, ist es den Menschen erlaubt, sie in heiligen Gewändern, traditioneller Körperbemalung und in Gestalt maskierter Tänzer – eben der Kachinas – darzustellen und im Tanz den lebensnotwendigen Regen zu erbitten. Blitz-, Wolken- und Regensymbole finden sich deshalb allenthalben, zumal als Kopfschmuck der Tänzer. Kindern schenkt man kleine Abbildungen dieser übernatürlichen Wesen in Form von Kachina-Puppen, die weniger als Spielzeug denn als moralisch-religiös belehrendes Anschauungsobjekt und als Gebetsträger und Fruchtbarkeitsbringer dienen.

Wenn auch alle erwachsenen Hopi dem Kachina-Kult als einer religiösen Vereinigung angehören, so stellen doch in der Regel nur Männer die Kachinas dar. Aufgabe aller Kultmitglieder ist es, darüber zu wachen, dass die Wolken und Regen herbeirufenden Zeremonien und Riten peinlich genau durchgeführt werden. Fast alle Aktivitäten der Hopikulte und -vereinigungen drehen sich um Regen-, Fruchtbarkeits- und Jagdmagie und beziehen sich auf den Kreislauf des Ackerbaujahres und die Fruchtbarkeit der Böden.

Zur Bewahrung der Tradition gehört die Initiation neuer Mitglieder. Dabei werden je nach Pueblo-Stamm Sechs- bis Vierzehnjährige feierlich in einen der über 250 Kachina-Bünde aufgenommen, wobei man ihnen Kachina-Masken überreicht; nun erst erfahren sie, was für viele ein Schock ist, dass sich hinter diesen nicht überweltliche Erscheinungen, sondern Mitglieder des eigenen Stammes verbergen, ein Wissen, das sie nie Uneingeweihten preisgeben dürfen. Neben dieser zum Erwachsenwerden gehörenden Desillusionierung besteht das Hauptinitiationsziel jedoch darin zu vermitteln, dass die Heranwachsenden, indem sie die Tradition der rot, gelb und blau bemalten Kachina-Masken verantwortlich weiterführen, als tanzende Maskenträger vom Geist der überirdischen Wesen durchdrungen sind und selbst zu Geistwesen werden, die dem Clan oder Stamm Wachstum und Fruchtbarkeit bringen.

Die Kachina-Tänze, bei denen auch Rassel, Stock, Pfeil und Bogen zum Einsatz kommen, finden zu bestimmten Zeiten des Jahres statt, und zwar nicht nur in der Öffentlichkeit, sondern meist vorher auch in den Kivas; doch werden Tänze – etwa bei extremer Dürre – von den Kachina-Priestern auch ad hoc angesetzt und abgehalten.

Die Schwitzhütten-Zeremonie. Bei den Indianern Nordamerikas ist die Schwitzhütte weit verbreitet; nur die zentralen und östlichen Eskimos, einige Stämme im südlichen Hochbecken sowie die Yuma und Pima kennen sie nicht. Das Schwitzbad behauptet einen wichtigen Platz unter den religiösen Bräuchen, dient aber nicht nur der rituellen Reinigung, sondern hat auch medizinische Bedeutung. Die aus gebogenen Stangen und Ästen, aus Gras, Rinden, (Bison-)Häuten oder Decken erbaute, halbrunde Hütte bietet meist sechs bis sieben Personen Platz und kann nur gebückt betreten werden. Auf die vorher vor der Hütte bis zur Rotglut erhitzten Steine wird unter Beimischung von wohlriechenden Kräutern (wie etwa Salbei und Piniennadeln) Wasser gegossen, was den gewünschten Dampfbadeffekt erzielt.

Während des Schwitzbades werden zur Beeinflussung der Geister bestimmte Riten vollzogen: Es wird gebetet, gesungen und die heilige Pfeife geraucht (so zum Beispiel bei den Lakota). Ziel und Zweck der Übung ist einmal die äußere und innere Reinigung, dann das persönliche Wohl, auch die Vorbereitung auf die Jagd oder auf religiöse Zeremonien (Visionssuche, Sonnentanz, Peyoteritual), schließlich noch die Vorbeugung gegen Krankheiten oder wenigstens deren Linderung. Die Schwitzhütte symbolisiert das Universum, die «Feuerstelle» ist seine Mitte, während der Wasserdampf den Odem des Lebens darstellt. Ihre soziale Funktion besteht in der Einführung junger Mitglieder in das heilige Wissen und die Traditionen des Stammes.

Die Pfeilzeremonie der Cheyenne. Sweet Medicine (Motseyoef), der Kulturheros der Cheyenne, erhielt als heiligstes Vermächtnis von Maheo, dem höchsten Wesen, vier heilige Pfeile und machte sie noch zu seinen vier Lebzeiten dem Volk zum Geschenk, das sie stets in höchsten Ehren hielt. Es handelt sich dabei um zwei Männerpfeile (die tödlich wirken, wenn man sie auf einen Menschen richtet) und zwei Bisonpfeile (die eine ganze Bisonherde veranlassen, sich im Kreis zu drehen, so dass man die Tiere bequem erlegen kann). Die Pfeile weisen auf Verteidigung wie auf Nahrungsbeschaffung hin; sie haben aber auch kultische Bedeutung: Ihre Verehrung bringt den Menschen Segen und dank ihrer Wirkung als einigendes Band innerhalb des Stammes sichern sie seinen Fortbestand. Der Raub der Pfeile durch die Skidí Pawnee um 1830 galt deshalb als die größte Katastrophe, die den Stamm jemals traf; mit Hilfe heiliger Männer wurden schließlich neue geschaffen.

Die Wirkkraft der heiligen Pfeile, die unter der Obhut des Pfeilhüters, eines älteren Heilers, stehen, wird bei Krankheit, sozialen Problemen und bei Mord unter Stammesbrüdern durch feste Zeremonien immer wieder erneuert. Diese finden in der Regel nur einmal im Jahr statt, und zwar im Wechsel mit dem achttägigen Bisonhut- beziehungsweise dem Sonnentanzritual. Die ausgedehnten Erneuerungszeremonien werden von den Priestern des Pfeilrituals vollzogen. Das Ritual selbst ist wesentlich mit dem Opfergedanken und der Symbolik der vier Himmelsrichtungen verbunden; dem Pfeilhüter werden an Armen,

Schultern, Schenkeln, Lenden und Rücken Streifen aus dem Muskelfleisch entfernt, um so die Kräfte der Himmelsrichtungen herbeizurufen. Die Zahl der Schnitte steht dabei immer in Korrespondenz mit der symbolischen Zahl vier. Die zurückbleibenden Narben erinnern an die Tugendstärke des Pfeilhüters und an die Macht der Geister im Volk.

Dieses Stammesritual entfaltet sich meist aufgrund des Gelöbnisses eines Einzelnen. Da die Pfeilerneuerungszeremonie tiefe Bedeutung für das Wohlergehen der Gemeinschaft hat, lastet ein großer gesellschaftlicher Druck auf den Klans, an der Zeremonie teilzunehmen. Zauderer werden von den Kriegerbünden bedrängt, teilweise sogar abgestraft. Der ganze Stamm zieht zum vorbestimmten Lagerplatz und lässt sich dort im Neumond-Kreis nieder. Vier Männer bringen das heilige Pfeilbündel zur Gesellschaft der Schamanen, öffnen es, und die Erneuerung der Pfeile beginnt. Die Schamanen ihrerseits bereiten Weidenstöcke vor, von denen jeder eine Cheyenne-Familie repräsentiert, und ziehen sie durch den Rauch des Inzensfeuers, das vor dem Altar brennt. Dadurch verändert sich der Charakter aller zum Besseren, vom Stamm bis hinunter zum Einzelnen; das Leben wird erneuert. Die vier Männer betrachten dann die Pfeile und beten um Gesundheit und Wohlergehen für sich und den Stamm. Danach wird die anfangs errichtete Pfeilhütte abgebaut und über dem zentralen Pfeilpfosten eine größere, die sogenannte Prophetenhütte errichtet, in der alle Männer mit schamanistischen Fähigkeiten vier von Sweet Medicine überlieferte heilige Lieder singen. Die Hauptakteure reinigen sich abschließend in der Schwitzhütte. Solange dieser Ritus praktiziert wird, kann es nach Meinung der meisten nie schlecht um den Stamm bestellt sein.

7. Wege zur Erneuerung der Welt

Der Sonnentanz. Die Wege zum Übernatürlichen sollen nicht nur der Erneuerung des Einzelnen oder der Gemeinschaft dienen, sondern der ganzen Welt. Hierbei spielt der Ritus des Sonnentanzes eine entscheidende Rolle. Unter den Plains- und Prärie-Stämmen, zu denen unter anderem die Sioux, Blackfoot, Crow, Arapaho und Cheyenne gehören, ist der Sonnentanz die typischste und am weitesten verbreitete Form religiöser Praxis. Die Zeremonie wird einmal im Jahr (meist vier Tage und vier Nächte lang) begangen.

Die Tipis der Teilnehmer werden bei den Cheyenne kreisförmig um den Sonnenpfahl errichtet, jedoch so, dass zum Osten hin eine Öffnung bleibt. Zu den Teilnahmebedingungen zählen strikte Enthaltung von Speise und Trank, rituelle Selbstkasteiung und stundenlanger Tanz. Bei den Cheyenne findet die rituelle Selbstmarter (*piercing*) am letzten Tag des Sonnentanzfestes statt: An den oben am Sonnenpfahl angebrachten Lederschnüren, die mittels eines Holzpflocks in der Brustmuskulatur befestigt sind, hängen die «Tänzer», starren in die Sonne und bewegen sich zu Trommelschlägen und monoton gesungenen Liedern so lange im Kreis, bis der Pflock aus dem Fleisch reißt. Dabei hoffen sie auf eine Vision, die den Zugang zur Welt der Geister eröffnet und Botschaften, vor allem aber Schutz und Beistand für das eigene Leben und das des Stammes erwirkt. Auch das nach dem Tanz praktizierte Rauchen der heiligen Pfeife, deren Rauch in alle Himmelsrichtungen geblasen wird, dient der Erneuerung von Welt und Gesellschaft.

8. Heilige Gegenstände

Bei vielen Zeremonien werden Gegenstände in das heilige Geschehen einbezogen, die ursprünglich als spirituelle Geschenke für einen ganzen Stamm oder für Einzelne, für einen Klan oder eine Familie bestimmt waren. Mitunter wurden diese Gegenstände nach in einem Traum oder einer Vision gegebenen Instruktionen hergestellt, von einem heiligen Wesen geschenkt oder mit einem verehrten religiösen Führer in Verbindung gebracht. Es ist auch bekannt, dass sich heilige Objekte einer bestimmten Person geoffenbart haben.

Um eins zu werden mit dem Übernatürlichen, bedient man sich verschiedener **Masken**; sie stellen gewissermaßen lebendige Ebenbilder der repräsentierten Geister dar, die ihre Eigenschaften auf die Maskenträger übertragen und im rituellen Vollzug gegenwärtig erscheinen. Masken sind heilig und dürfen deshalb nur gefertigt werden, wenn man sich vorher kultisch gereinigt hat. Bei den Irokesen spielen in den Medizingesellschaften die grotesken Falschgesichter zur Abwehr böser Geister eine wichtige Rolle. Pueblo-Masken gehören nie Einzelpersonen, sondern sind Eigentum des Clans und werden von Generation zu Generation weitergegeben. Bei vielen Zeremonien sind Masken unentbehrlich, denn in ihnen manifestieren sich die herbeigerufenen Hilfsgeister und Heilkräfte. Bei den Aleuten und Inuit ehrt man mit Masken aus Pappel oder Fichte die Geister jener Tiere, welche die tägliche Nahrung liefern: Bär, Karibu, Seehund und Wal.

Als Mittler zwischen Mensch und Geistern benutzen insbesondere die Pueblos **Gebetsstöcke**, meist handgroße, mit Federn, Muscheln und Schnitzereien verzierte Stäbe, die zeremoniell geopfert werden, um die Wirksamkeit von Gebeten zu erhöhen. Nachdem man seine Gebete in die Stöcke hineingehaucht hat, werden sie an heiligen Orten, auf Altären und Feldern, in Brunnen und in Höhlen deponiert oder zu den Bergen getragen, eben dorthin, wo Geister sie sehen und die in sie gehauchten Bitten erfüllen können. Bei den Zuni werden sie den Toten geopfert, aber an Sonnenwendfesten auch der Sonne und dem Mond. Dann verbindet sich der Atem der Gebete mit dem Atem der Geister, denen sie dargebracht werden, und beider Atem bildet Wolken, hinter denen die Regenmacher ans Werk gehen.

Die **Trommel** gilt bei den Indianern als lebendiges Wesen, das den Herzschlag der Nation und den Klang des Universums verkörpert. Bei Zeremonien und rituellen Tänzen erklingt sie meist zusammen mit **Rasseln**, die mit Steinchen, Mais- und Samenkörnern gefüllt sind. Der Klang der Rasseln soll die Aufmerksamkeit der Geister wecken, damit sie dem Schamanen Ratschläge erteilen und seine Handlungen begleiten. Besondere Bedeutung haben beide Instrumente für ihn, wenn es gilt, die Zukunft vorherzusagen und Erfolg zu sichern. So ruft etwa der Angakoq, der Schamane der arktischen Inuktitut, durch Singen und Trommeln seine Hilfsgeister herbei, nimmt sie in sich auf und schickt sie wieder aus zur Heilung von Kranken, zur Sicherung des Jagderfolgs, zur Beeinflussung des Wetters.

Ein weiterer Mittlergegenstand zwischen der Welt der Menschen und der Geister sind die von Adlern und anderen heiligen Vögeln gewonnenen **Federn**. Sie sind bei vielen Zeremonien unabdingbar. So werden sie zum Beispiel Gebetsstöcken, Rasseln, Masken und anderen Gegenständen angeheftet, die man für Zeremonien und Heilungen benötigt. Sie werden aber auch als Opfergaben dargeboten und beim Beten eingesetzt. Bei den Pueblos gelten Federn als sichtbares Zeichen für den Atem und den tropfenden Regen. Mit Federn kann man die Geister und auch die Toten beschwören.

Federn, Pferdehaarbüschel, Vogelbälge, Skalps, Knochen, Steine, Muscheln, blitzverkohlte Holzstückchen und vieles andere, was einem Einzelnen in Traum oder Vision erschienen sein mochte und dem man «Medizin», das heißt übernatürliche Wirkkräfte, zuschrieb, sammelte man im **Medizinbündel**. Es kann einem Einzelnen, einer Familie, einem Klan oder einer ganzen Stammesgruppe gehören und sehr unterschiedliche Funktionen haben. Es ist von größtem Nutzen für den Menschen, denn es besitzt Heilkräfte, macht den Träger hellsichtig, garantiert Jagd- und Kriegsglück. Medizinbündel, Masken und andere heilige Gegenstände dürfen nur zu den angestammten Zwecken verwendet werden, weshalb ihre Profanisierung durch Ausstellung in Museen ein Sakrileg darstellt.

Bei vielen Stämmen gibt es ein zeremonielles Ritual, das unter dem missverständlichen Ausdruck «Sandmalerei» bekannt ist. Es kennt weder Farbe noch Pinsel noch irgendeine Flüssigkeit und wird bei den Pueblos und Navajos, den Meistern dieser Kunst, bei den Apachen, Cheyenne, Arapaho und den Völkern in Südkalifornien praktiziert. Dabei streut man mit Daumen und Zeigefinger farbige Sande, Holzkohle, Pollen und zerstoßene Blütenblätter auf den Boden, um das **Trockenbild** (so der passendere Begriff) zu zeichnen. Geschaffen werden diese Bilder etwa bei Initiationszeremonien oder Pubertätsritualen südkalifornischer Stämme, deren Bodenbilder abstrakte Formen des Universums repräsentieren, auf denen spirituelle und astronomische Erscheinungen abgebildet sind. Die Navajos streuen große, komplexe Trockenbilder, die heilige, mit Pollen- und Maismehlgaben gesegnete Altäre auf dem Erdboden darstellen, auf dem der Patient sitzt, während der Sänger oder sein Assistent die erforderlichen Riten vollzieht.

Die abgebildeten Muster sind heilig und stammen von Geistern, die sie dem Schöpfer des Bildes vermittelt haben. Hunderte von Bildmustern sind zwar bekannt, dürfen aber nicht dauerhaft abgebildet, sondern müssen aus der Erinnerung reproduziert werden. Zu den symbolischen, kosmischen Bildelementen gehören Sterne, Kometen, Erde, Himmel, Pfeile, Blitze, Wind, Wolken, Regenbögen, Tiere, Menschen, Pflanzen und die Unterwelt. Einen besonders herausragenden Platz nehmen die vier Himmelsrichtungen, die vier heiligen Berge, die vier Jahres- und die vier Tageszeiten ein. Wenn der Patient dann eins geworden ist mit den vom Trockenbild herbeigerufenen Heiligen Wesen und Anteil hat an ihrer Kraft, dann wird der Sand zur Seite geschoben und der Natur zurückgegeben: Das Trockenbild wird am Tage seiner Entstehung auch wieder zerstört.

9. Tod und Bestattung

Der Tod ist für die meisten Völker ein geheimnisvolles, Angst einflößendes Ereignis, das ernste Fragen aufwirft, etwa die nach dem Weiterleben der Toten, ihrem Aufenthaltsort oder ihrem Einfluss auf die Hinterbliebenen. Bei den Plains- und Präriestämmen war der Glaube an ein Weiterleben nach dem Tod fest verankert. Für die Mojave am unteren Colorado gab es nur ein befristetes Weiterleben nach dem Tod, aber keine Ewigkeit. Die Indianer der Nordwestküste glaubten an die Wiedergeburt der Toten, die Eskimos an eine Wanderung der Seele, deren Ziel ein Nachkomme, meist der Enkel des Verstorbenen, war. Bei anderen Stämmen herrschte die Überzeugung vor, dass es zwischen weltlichem Handeln und jenseitigem Lohn einen gerechten Ausgleich gäbe und dass die Menschen ihr irdisches Leben im Jenseits weiterführten, doch ohne Hunger und Krankheit.

Es gab vielfältige Totenrituale und Bestattungsformen. So setzten die Eskimos die Verstorbenen über der Erde bei und überließen sie dem Dauerfrost. Die Apachen begruben ihre Toten sofort und verbrannten Haus und Besitz; die Trauerfamilien unterzogen sich einer rituellen Reinigung und verließen die Gegend, um den Belästigungen und Heimsuchungen durch den Geist der Toten zu entgehen. Die Yokut in Kalifornien bestatteten ihre Toten in Hockstellung, verschnürt und mit dem Gesicht nach Osten, dem Ursprung des Lebens, während die Maidu den Leichnam in einen großen Korb setzten und einäscherten. Neben der Erdbestattung und Verbrennung gab es noch die Urnenbestattung, die Einbalsamierung und Mumifizierung und die Bestattung des zuvor in Felle gewickelten Leichnams auf Bäumen oder – wie etwa bei den Choctaw – auf Holzgerüsten. Sie fügten dann persönliche Besitztümer und Speiseopfer hinzu und schickten nach entsprechender Verwesungszeit den «Bussardmann», der die Knochen säuberte und ins Beinhaus brachte. Zweitbestattungen waren auch im Südwesten üblich, hier allerdings erst in der Erde, dann im Beinhaus. Doch in der Mehrzahl fanden die Beisetzungen in Bodengräbern statt, manche auch in Grabhügeln (den so genannten *mounds*), die typisch waren für die prähistorische Mississippi-Kultur.

Da indianische Völker den schädlichen Einfluss der Totengeister fürchteten, versuchten sie, diese durch Zeremonien gnädig zu stimmen. So schenkte das jährlich wiederkehrende Totenfest der Shawnee den Geistern der Verstorbenen am Jahrestag besondere Aufmerksamkeit. Ein Sprecher versicherte ihnen, dass man sich ihrer gern erinnere und ihnen ein Ehrenmahl bereitet habe; danach bat er sie, die Lebenden in Ruhe zu lassen. Die Bestattungsriten der Menominee, Chippewa und verwandter Völker spiegeln besonders deutlich ihre duale Seelenvorstellung wider. Man unterschied eine Vitalseele, die ihren Sitz im menschlichen Herzen hat und der man den Weg ins Jenseits mittels Grabbeigaben zu erleichtern suchte, und eine im Kopf angesiedelte Freiseele, die sich in Gestalt des Totengeistes noch länger am Grabe aufhielt. Auch die Stämme des Beckens fürchteten diesen friedlosen Totengeist über die

Maßen, während sie die Seele des Toten im Frieden des Jenseits
wähnten.

10. Erweckungsbewegungen, Geistertanz und Peyote-Religion

Im 16. Jahrhundert zogen wiederholt spanische Expeditionen in
den Südwesten (so 1540, 1580 und 1598). Begleitet wurden sie
von Franziskanern, die den ‹heidnischen› Ureinwohnern den
Glauben an den wahren Gott bringen wollten. Wenn bald darauf von vielen getauften Indianern die Rede ist, so scheint doch
Skepsis hinsichtlich ihrer Verwurzelung im christlichen Glauben
angebracht. In den folgenden Jahrhunderten wurden zudem
durch die Bekehrungsbemühungen christlicher Missionare und
die Akkulturierungsversuche amerikanischer Behörden die
Konversionsneigungen der Indianer nachhaltig gedämpft. Stattdessen entstanden verschiedene Bewegungen, auch oppositio-
neller Gruppen, zur Wiederbelebung indianischer Traditionen;
ja es gab sogar Revolten, deren bekannteste der Puebloaufstand
von 1680 unter dem Tewa-«Medizinmann» Popé war. Erst
nach weiteren Aufständen in Taos und anderen Pueblo-Städten
(1694 und 1696) änderten die Spanier ihre Religionspolitik; zusammen mit der ihnen gegen die Apachen, Pawnee und Comanchen gewährten Hilfe führte sie zu einem Sinneswandel bei den
Pueblos, zu einem Anstieg der Konversionen und zu einer zumindest äußeren Übernahme des Christentums. Gleichzeitig
ging die bisher praktizierte Religion (Medizinbünde und heilige
Tänze) in den Untergrund, so dass es in jedem Pueblo zwei Religionen gab: die christliche und die indianische.

Ein Prophet der Delawaren und ein solcher der Shawnee setzten sich im 18. beziehungsweise im frühen 19. Jahrhundert ve-
hement für die Ablehnung des Christentums ein und predigten
die Rückkehr zu indianischer Lebensweise und Kultur. Zu Be-
rühmtheit gelangte Häuptling Handsome Lake (1735–1815)
von der Irokesenliga, der Elemente der irokesischen Geheimbünde mit denen des Christentums verschmolz und zum Be-
gründer der so genannten Langhaus-Religion wurde.

In Nevada, Kalifornien und Oregon entstand um 1870 eine frühe Geistertanzbewegung, die das Verschwinden des weißen Mannes vorhersagte. Knapp 20 Jahre später (1889–1891) breitete sich die eigentliche Geistertanzbewegung bei fast allen Stämmen der Plains unter dem Paiute-Seher Wovoka aus, der seine Anhänger mit der Prophezeiung der Rückkehr der getöteten Krieger und Bisons und dem Versprechen der Unverwundbarkeit gewann. Aus Angst vor dieser Bewegung richteten amerikanische Truppen am 29. Dezember 1890 bei Wounded Knee in Süddakota ein Massaker an den Lakota-Sioux an.

Ebenfalls in der 2. Hälfte des 19. Jahrhunderts predigte der Wanapam-Schamane und Prophet Smohalla (circa 1815–1895) auf dem Columbia-Plateau die organische Einheit von Mensch und Erde, die große Bedeutung des Traums und den passiven Widerstand gegen Modernisierung und Kulturzerfall. Und bei den Küsten-Salish bildete sich unter John Slocum ab 1883 durch eine besondere Synthese indianischer und christlicher Vorstellungen die so genannte Shaker-Kirche, benannt nach den bei Gottesdiensten und Krankenheilungen beobachteten Schüttelzuständen, die als Ausdruck göttlicher Kraft gedeutet wurden. In den folgenden Jahrzehnten breitete sich die neue Sekte über die ganze Westküste aus.

Im 20. Jahrhundert schließlich entstand die Native American Church (NAC). Diese indigene Kirche Nordamerikas wurde 1918 in Oklahoma von Anhängern der Peyote-Religion gegründet; ihre Anerkennung als Kirche aber war bereits 1907 vom Comanchenhäuptling Quanah Parker (circa 1845–1911) und anderen Peyote-Anhängern bei der verfassunggebenden Versammlung von Oklahoma beantragt und 1908 gewährt worden. Kultischer Mittelpunkt ist die ‹sakramentale› Verwendung des als heilig verehrten knopfförmigen Peyotekaktus (nach dem aztekischen *peyotl* für «göttlicher Bote»), der im nördlichen Mexiko und im südlichen Texas wächst und dessen Verbreitung durch den Bau der Eisenbahn in der 2. Hälfte des 19. Jahrhundert begünstigt wurde. Er ist zentraler Bestandteil des Gemeinschaftsrituals, und sein Genuss ruft Halluzinationen hervor, beruhigt aber auch und führt nicht zu Abhängigkeit. In Gestalt der Peyotescheibe wird er als Mittel gegen Krankheit und Gefahr, aber auch als heilbringende Medizin genossen, letztlich aber, um den Kontakt zur übernatürlichen Welt herzustellen.

Seine Wurzeln hat dieser Kult, der vom so genannten *roadman*, einer Art Zeremonienmeister, geleitet wird und aus Gebet, Gesang, Peyotegenuss, Meditation und Bekenntnis besteht, in Praktiken der Urbewohner des Rio Grande-Tales. In Nordamerika kannte man den Peyote-Kaktus schon im ersten Jahrtausend, nachweisen lässt sich sein ritueller Gebrauch aber für Zentralmexiko erst vom 16., für das nordwestliche Mexiko und angrenzende Texas vom 17. und für Teile der südlichen Plains vom 18. Jahrhundert an. An seiner Verbreitung waren insbesondere die Mescalero-Apachen, Kiowa und Comanchen beteiligt. In der Zeit des Niedergangs in der zweiten Hälfte des 19. Jahrhunderts, zumal nach 1890, verbreitete sich der Kult in den Plains und Prärien, und nach ihrer Genehmigung in Oklahoma (1908) fasste die Kirche schnell Fuß in Nebraska, Süddakota, Montana, Idaho, Neumexiko, Wisconsin, Iowa und Utah. Um auch kanadische Kultanhänger aufnehmen zu können, wurde der offizielle Name der Kirche 1955 in Native American Church of North America geändert. Heute ist sie die größte panindianische Glaubensbewegung mit über einer Viertel Million Mitgliedern in mehr als 50 Stämmen.

Die Native American Church ist auch der Ort, wo Christentum und Peyote-Religion, europäisches und indianisches Denken sich überschneiden und mischen. So setzt sich die Kirche zum Beispiel die Verbreitung von christlicher Moral und Nächstenliebe, von Gehorsam und ehelicher Treue zum Ziel, predigt den Kampf gegen Alkoholmissbrauch und Nichtstun, propagiert Fleiß, Selbstachtung und Solidarität und praktiziert den Peyote-Kult als einen ihrer wesentlichen Grundsätze. Ihre Lehre umfasst aber auch den Glauben an die Trinität, an Engel und Teufel, deutet sie aber um im Sinne indianischer Vorstellungen: So ist Gott Vater der Große Geist, Jesus repräsentiert einen Kulturheros und Schutzgeist, die Engel stehen für die Geister der vier Himmelsrichtungen, und der Teufel verkörpert den bösen Geist, der Schaden zufügt, so dass man von einer synkretistischen, grundverschiedene Glaubenselemente miteinander verschmelzenden Religion sprechen kann.

5. Indianisch-weiße Beziehungen

Die Geschichte der indianisch-weißen Beziehungen ist die Geschichte der Beziehungen zwischen einer großen Zahl indianischer Völker und Stämme und nur wenigen europäischen Völkern. Die folgende Darstellung konzentriert sich auf Grundmuster indianischer Reaktionen und Schicksale, welche die Eroberung und Kolonisierung Nordamerikas durch Spanier, Franzosen, Engländer und Amerikaner mit sich brachte.

Es ist den Indianern immer wieder der Vorwurf gemacht worden, sie hätten sich der Europäer leicht erwehren können, wenn sie nur einig gewesen wären. Allerdings sieht das Argument völlig von der Tatsache ab, dass es *die* Indianer gar nicht gab, sondern nur eine Vielfalt unterschiedlich großer indianischer Nationen und Stämme, die alle ihre eigenen Interessen hatten. Und es gehörte zur Politik der Kolonisatoren, die Interessen dieser Völker zum eigenen Vorteil gegeneinander auszuspielen. Einigungsversuche der Stämme hat es durchaus gegeben, doch sie sind letztlich alle gescheitert. Ein Grund dafür ist sicher gewesen, dass es in der historischen Erfahrung der Indianer nie Kriege gegeben hatte, die Jahrzehnte währten.

Die ersten Kontakte mit Europäern waren eher punktuell: Sie fanden statt in Neumexiko, Florida, Virginia, Neuengland, am St. Lorenz, auf den Aleüten. Doch bereits im 17. Jahrhundert wurde fast die gesamte Atlantikküste von Europäern besiedelt, und die dort lebenden Indianer sahen sich einem starken Verdrängungsdruck ausgesetzt. Die Besiedlungsgrenze rückte immer weiter nach Westen und hatte kurz nach der amerikanischen Unabhängigkeit fast überall den Mississippi erreicht.

1804/05 durchquerten Meriwether Lewis und William Clark im Auftrag der amerikanischen Regierung als erste Weiße den nordamerikanischen Kontinent, knüpften Kontakte mit Völkern am Wege und schrieben einen umfangreichen Bericht. Seither bildet Nordamerika geographisch eine Einheit in den Köpfen der Amerikaner. Ab 1825 wird der Begriff »Indianerland« nur noch für die Gebiete westlich des Mississippi benutzt. Die Stammesgebiete der östlich lebenden Völker waren bereits von weißen Siedlern eingeschlossen; doch auch das verbleibende indianische Land erregte Begehrlichkeit, so dass der Kongress 1830 beschloss, alle östlich des Mississippi lebenden Stämme in das so genannte Indianerterritorium umzusiedeln, das weitgehend mit dem heutigen östlichen Nebraska, mit Kansas und Oklahoma identisch war und später auf Oklahoma reduziert wurde. Damit war das Grenzgebiet, in dem Indianer und Weiße aufeinander stießen, weit nach Westen verschoben.

Von Westen, vom Pazifik her drangen Siedler ebenfalls in den Kontinent vor. 1846 wurden das heutige Oregon und Washington amerikanisch, 1848 der spanische Südwesten einschließlich Kaliforniens. 1848/49 wurde in Kalifornien Gold entdeckt, und der Goldrausch begann. Damit stieg das Interesse an einer Landverbindung zwischen Ost- und Westküste; zunächst durchquerten Wagenkolonnen das Indianergebiet in der Mitte des Kontinents, ab 1869 war es die Eisenbahn. Mit der Einrichtung von Reservaten für alle im Westen lebenden Stämme und dem Massaker von Wounded Knee (1890) endete endgültig das unabhängige Leben der indianischen Völker.

1. Erste Begegnungen

Die ersten Weißen, denen die nordamerikanischen Indianer begegneten, waren vermutlich die Wikinger, die 985 unter Erich dem Roten Grönland besiedelten und unter seinem Sohn Leif Eriksson im Jahr 1000 die amerikanische Nordostküste erkundeten und sich im Wein- und Waldland, wie sie es nannten, dem heutigen Neufundland, niederließen. Doch währte dieser erste Siedlungsversuch nur wenige Jahre und hat kaum bleibende Zeugnisse hinterlassen.

1497 begab sich John Cabot – oder Giovanni Cabotto, wie
der Venezianer eigentlich hieß – im Namen des englischen
Königs auf die Suche nach dem Seeweg nach Indien und stieß
nach 35 Tagen auf Neufundland. Dort pflanzte er Kreuz und
englische Fahne auf und ging. Sein Bericht über die fischreichen
Gewässer bei den Grand Banks vor der Küste Neufundlands
führte zu einer regen Fischfangtätigkeit der Europäer in diesem
Gebiet.

Seit 1528 unternahmen die Spanier von der Karibik aus
Erkundungsreisen, die zunächst aber nicht zur Besiedelung
führten. Hauptziel dieser Unternehmungen war die Suche nach
dem Gesundbrunnen, der ewiges Leben verhieß, und nach
Gold. Auf welche Indianer die Spanier auch stießen, die Botschaft war immer: «Weiter entfernte Stämme besitzen, was ihr
sucht.»

Folgenreicher war die Expedition Hernando de Sotos von
1539–43, die ihn in Begleitung von 600 Soldaten, 200 Pferden,
einer Schweineherde und einem Tross Indianersklaven von der
Westküste Floridas bis hinauf an den Savannah-Fluss brachte,
dann nach Westen, schließlich den Alabama hinunter und
von dort in nordwestlicher Richtung über den Mississippi den
Arkansas aufwärts, endlich den Mississippi wieder hinab bis an
die Küste und diese entlang bis nach Mexiko. Die Spanier
zogen mordend, plündernd und raubend durch das Land, nahmen Häuptlinge und Fürsten als Geiseln, verstümmelten und
hängten Gefangene nach Belieben. Ihr Ziel, Gold zu entdecken
und jene aus Gold errichteten «Sieben Städte von Cibola», ver-
fehlten sie jedoch. De Soto und viele seiner Begleiter starben auf
der Expedition. Schlimmer aber traf es die Indianer. Neue
Krankheiten entvölkerten ganze Landstriche. Krankheit und
Tod waren der eigentliche Tribut, den die Ureinwohner zu entrichten hatten.

So breiteten sich die Pocken rasend schnell in alle Richtungen
aus, hinterließen menschenleeres Land und fanden erst dort ein
Ende, wo größere Entfernungen zwischen den Stämmen die In-
fektionskette unterbrachen. Kaum hatte sich ein Volk von der
einen Seuche erholt, folgte die nächste, etwa die Masern oder

die Cholera. Dass von den vielleicht 10 000 Mitgliedern eines Stammes nur 1000 oder 2000 eine Pockenepidemie überlebten, war eher die Regel als die Ausnahme. Die Weißen deuteten diese Anfälligkeit der Indianer als ein Zeichen Gottes. So stellte etwa John Winthrop, der Gouverneur von Massachusetts, um 1640 fest, dass Gott «für uns Raum schuf, indem er die Zahl der Eingeborenen verringerte und die unsere erhöhte». Nicht selten entwickelten indianische Stämme ein ähnliches Interpretationsmuster und deuteten die Schwäche gegenüber den neuen Krankheiten als Versagen ihrer traditionellen Heilmethoden. Das machte sie empfänglich für scheinbar überlegene europäische Ideen, Werte und religiöse Vorstellungen.

2. Macht und Ohnmacht der Powhatan

Um 1600 siedelten im östlichen Teil des späteren Virginia die Powhatan. Sie lebten von Ackerbau, Jagd und Fischfang. Ihr Herrscher war Wahunsunacock, der später den Namen seines Stammes annahm und sich Powhatan nannte. Er hatte nahezu 30 Stämme unterworfen und sich zu ihrem Oberhäuptling gemacht. Die Machtfülle absoluter Herrscher besaß er jedoch nicht, denn er musste Häuptlinge und Priester vor Entscheidungen anhören. Das Häuptlingsamt selber vererbte sich bei den Powhatan matrilinear, das heißt in der Mutterlinie, es ging also nach dem Tode auf die Brüder des Verstorbenen, dann auf die Söhne der Schwestern über, und zwar dem Alter nach, nie aber auf die eigenen Kinder.

Reichtum und Unbesiegbarkeit waren die Mannesideale der Powhatan. Reich wurde, wer als erfolgreicher Jäger und Krieger mehr Frauen errang als andere, und diese dann auf den Feldern eine reiche Ernte einbrachten. Die eigentliche Manneslaufbahn begann für Zehn- bis Fünfzehnjährige mit dem Huskanaw, einem isoliert in den Wäldern abgehaltenen mehrmonatigen Initiationsritus. Wer sich bei den Mutproben und Torturen bewährte, konnte auf ein erfolgreiches gesellschaftliches Leben hoffen, etwa als Berater des Herrschers. Zugleich war er auch gewappnet, im Falle der Gefangennahme die Qualen des Martertodes klaglos zu erdulden. Engländern gelang dies nicht, was von den Powhatan mit Spottgesängen quittiert wurde.

Über das Leben der Frauen berichtet John Smith, der einige Zeit Gefangener des Stammes war: «Sie und die Kinder erledigen den Rest der Arbeit. Sie fertigen Matten, Körbe, Töpfe, Mörser, stoßen Mais, backen Brot, bereiten die Nahrung, pflanzen und ernten den Mais, tragen allerlei Lasten und so fort.»

Als im Jahre 1607 104 englische Siedler am James River in der Nähe der Chesapeake-Bucht eintrafen und die Stadt Jamestown gründeten, war Powhatan um die 60 und auf der Höhe der Macht. Zunächst duldete er, dass die Fremden mit Nahrung, insbesondere Mais, versorgt und ihnen indianische Fischfang-, Jagd- und Ackerbautechniken beigebracht wurden. Als Gegengabe erwartete man metallene Beile und Geräte, Glasperlen und vor allem Kupfer, das man sehr schätzte. Von jedem Tausch erhielt Powhatan seinen Tribut. Eigentlich aber hatten die Engländer erwartet, dass indianische Tributzahlungen das Überleben der Kolonie ermöglichen würden. Als die Zahl der Fremden zunahm, beschloss Powhatan, sie zurückzudrängen. Es folgte eine Periode der Nadelstiche und Scharmützel.

Ab 1610 begann mit Sir Thomas Gates, dem neuen Führer der Kolonie, eine aggressive Politik gegenüber Powhatan. Gates wiegelte einige Stämme auf, was Schule machen sollte, weil es zwischen den vielen kleinen Stämmen Nordamerikas schon immer Rivalitäten gegeben hatte. Einer der aufgestachelten Häuptlinge half, Pocahontas, die jüngste Tochter Powhatans, gefangen zu nehmen. Sie ließ sich taufen, heiratete John Rolfe, einen Siedler, und reiste mit ihm nach England, wo man sie an Hof und Adelssitzen als Indianerprinzessin und Exotin präsentierte. Noch vor der Rückreise in ihre Heimat starb sie.

Nach Powhatans Tod (1618) kam sein jüngerer Bruder Opechancanough an die Macht. Er sah sich einer aufblühenden Kolonie gegenüber. Wegen des 1618 begonnenen kommerziellen Tabakanbaus explodierte der Landbedarf der Fremden, immer mehr wanderten zu, neuerdings auch karibische Sklaven. Die Powhatan fühlten sich unerwünscht in ihrem eigenen Land. Demütigende Abkommen, Epidemien, Landverlust, interne Zwistigkeiten und die Erosion ihrer Kultur durch Missionierung hatten sie geschwächt. Da entschloss sich Opechancanough zur Vertreibung der Weißen. 1622 überfielen die Powhatan Jamestown und töteten 350 Siedler, fast ein Drittel der Gesamtbevölkerung der Kolonie. Vermutlich hätten sie alle töten können, doch sie rechneten damit, dass sich die Weißen so verhalten würden wie ihre indianischen Nachbarn und sich nach einem so vernichtenden Schlag zurückzögen. Das aber taten sie nicht.

In den Folgejahren verschlechterte sich die Situation der Powhatan weiter: Der Tabakanbau erforderte immer mehr Land, zum einen weil Tabak den Boden auslaugt und zum anderen weil der Tabakhandel mit dem Mutterland so erfolgreich war, dass neue Plantagen entstanden, die den Landbedarf weiter erhöhten. Die Powhatan gerieten in die Minderheit. Bei Ankunft der Weißen hatte es etwa 9000 Powhatan gegeben, 30 Jahre später waren es nur noch 5000, die Zahl der Weißen hatte dagegen in und um Jamestown von 104 im Jahre 1607 auf 8000 um 1640 zugenommen. Opechancanough entschloss sich 1644 zu einem letzten, verzweifelten Schritt. Er griff die Weißen erneut an, dieses Mal allerdings, um sie endgültig zu vertreiben. Doch das gesamte Neuengland hatte damals bereits 25 000 Siedler, so dass ein punktueller Erfolg in Jamestown nicht das Ende der englischen Kolonisierung bedeutet hätte. In dem zwei Jahre dauernden Krieg töteten die Powhatan fast 500 Siedler, wurden selber aber vernichtend geschlagen; Opechancanough geriet 1646 in Gefangenschaft und wurde von einem seiner Bewacher erschossen. Am Ende des Jahrhunderts lebten von dem einst so mächtigen Volk der Powhatan nur noch 1000. Das ihnen gebliebene Land reichte nicht mehr zur Aufrechterhaltung der traditionellen Lebensweise, und so waren sie gezwungen, sich als Sklaven, Diener und Scouts bei den Weißen zu verdingen.

3. Landerwerb und Verträge

Die Engländer kamen nicht wie die Spanier als Eroberer, sondern als Siedler; doch auch sie erhoben Anspruch auf indianisches Land. Sie waren überzeugt, sie besäßen einen gesetzlichen

Titel allein schon deshalb, weil das Land im Namen eines christlichen Königs entdeckt worden war. Dann gab ihnen ein königliches Patent ein Vorkaufsrecht. Zudem gehörte nach eigenem Rechtsverständnis alles nicht dauerhaft besiedelte, bebaute oder eingezäunte Land demjenigen, der sich darauf niederließ. Schließlich kauften sie das Land auch noch von den umliegenden Stämmen, um das finanzielle Abenteuer einer militärischen Eroberung zu vermeiden. Und wenn es doch zu kriegerischen Auseinandersetzungen kam, dann ging es offiziell nie um Landbesitz, sondern etwa, wie im Falle des Pequot-Krieges von 1636–38, um die Bestrafung von Indianern, die Weiße gemordet hatten. Eine der Strafklauseln zwang die Pequot zum Verzicht auf ganz Connecticut.

Landbesitz im Sinne des europäischen Rechts gab es bei den indianischen Völkern der Ostküste nicht. Da Siedlungen bei nachlassender Bodenfruchtbarkeit verlegt wurden, hätte ein dauerhaftes Besitzrecht auch wenig Sinn gemacht. Land war im Grunde frei. Wenn Europäer den Indianern daher Land abkauften, sicherten sie sich ein in der indianischen Rechtstradition unbekanntes Rechtsgut.

Man hat oft die Torheit der Wappinger-Indianer belächelt, die den Holländern Manhattan für 60 Gulden überließen. Ganz so unbedeutend war dieser Betrag nicht: Nach heutigem Wert hätten sie für ein Stück Wildnis mehrere Tausend Dollar erhalten. Damals jedenfalls waren es die Wappinger, die sich im Vorteil sahen. Denn sie hatten einen erklecklichen Betrag für etwas erhalten, das aus ihrer Sicht nie jemandes Besitz sein konnte: nämlich Land.

Dieser so unterschiedlichen Sichtweise wurde in Verträgen nie Rechnung getragen. Und wenn man sich auf weißer Seite dieses Interpretationsunterschieds bewusst war, so war man zugleich sicher, dass im Ernstfall die Waffen über die Deutung des Handels entscheiden würden.

Ein weiteres Problem bei Vertragsabschlüssen ergab sich, weil bei Indianern und Weißen politische Verantwortung unterschiedlich geregelt war. Die Europäer beauftragten bestimmte Personen mit den Regierungsgeschäften, die dann auch mit

fremden Völkern rechtsverbindliche Verträge schließen konnten. Bei den Neuenglandstämmen jedoch gab es zwar Häuptlinge oder Sachems, die ihre Position auf Grund ihrer Führerqua-
litäten oder ihrer charismatischen Persönlichkeit inne hatten;
absolute politische Autorität besaßen sie allerdings nicht. Von
den Sachems abgeschlossene Verträge besaßen für ihre Völker
erst dann Verbindlichkeit, wenn sie der Stammesrat gebilligt
hatte. Doch solche innerindianischen Probleme interessierten
die Weißen nicht.

Die Praxis der Landabtretungsverträge fand ein Ende, als der
Kongress den Stämmen im Jahre 1871 ihren Nationenstatus
aberkannte. Völkerrechtlich verbindliche Verträge konnten in
Zukunft nicht mehr abgeschlossen werden, allerdings behielten
die alten Verträge ihre Rechtsverbindlichkeit.

De facto hatte keiner der zahllosen Verträge lange Bestand.
Selbst wenn die Kolonialverwaltung und später die amerikanische Regierung festen Willens waren, die Verträge einzuhalten,
dann besaßen sie nicht die Macht, unzufriedene Siedler, die
Einzelstaaten und -territorien oder aufsässige militärische Führer im Zaum zu halten. Zudem änderte sich die offizielle Indianerpolitik von Regierung zu Regierung, so dass, was heute
noch galt, morgen schon überholt sein konnte. Und nicht selten kalkulierte die Regierung beim Abschluss eines Vertrages
den Widerspruch der Siedler bereits ein und wusste, dass der
nächste Landabtretungsvertrag nicht lange auf sich warten
lassen würde.

Auf Seiten der Indianer regte sich ebenfalls Widerstand. Die
Stämme zerfielen häufig in zwei Fraktionen: die Friedensfrak-
tion, zumeist die Häuptlinge und älteren Krieger, mit der die
Regierung in Vertragsverhandlungen eintrat, und die Kriegs-
fraktion, die aus jüngeren, heißspornigen Kriegern bestand, für
welche die Landabtretungs- und später die Reservatsverträge
Verrat an den Interessen des Stammes waren. Ihre Kritik war
auch deshalb oft berechtigt, weil nicht selten Alkohol ihren Ver-
tretern die Zustimmung leichter gemacht hatte.

Das Aushandeln eines Vertrages und seine Unterzeichnung
war eine feierlich-zeremonielle Angelegenheit. Es wurden Reden

gehalten, Geschenke ausgetauscht, wobei die Indianer durchaus auch Verträge nur um der fälligen Geschenke willen abschlossen. Denn bei diesen handelte es sich selten nur um Perlen und ähnlich Wertloses, sondern um dringend benötigte Waffen, Munition, Nahrung und Kleidung sowie Werkzeuge des täglichen Gebrauchs. Doch es gab auch Vertragsverhandlungen, die unter Druck und Einschüchterung stattfanden. Es verwundert daher nicht, wenn sich die Indianer an solche Verträge nicht gebunden fühlten. Für die Siedler hingegen waren Kaufverträge wichtig, weil sie den Besitz eines Landstücks gegenüber anderen – seien es Weiße oder Indianer – legitimierten.

4. Blütezeit und Untergang der Huronen

Die bedeutendsten unter den Irokesisch sprechenden Waldlandvölkern Ostkanadas und der nordöstlichen USA waren die Huronen und ihre südlichen Nachbarn, die Irokesen. Sie lebten vermutlich bereits um das Jahr 1000 in diesem Gebiet, die Irokesen mehrheitlich im Norden des heutigen Staates New York und die Huronen in Kanada, in einem Areal von nur 1800 km² Fläche zwischen dem Ostende des Huron-Sees und dem Simcoe-See.

Bereits um das Jahr 1000 hielt der Ackerbau Einzug bei den Huronen, und zwar zunächst als Maisanbau, zu dem sich zwischen 1300 und 1400 die Kultivierung von Bohnen und Kürbissen gesellte. Er hatte um 1600 einen so hohen Stand erreicht, dass er nicht nur die eigene Bevölkerung von circa 25 000 Menschen ernähren konnte, sondern noch genug übrig blieb, um beim Handel mit den benachbarten Jägervölkern der Algonkin vor allem wertvolle Pelze und aus ihnen gefertigte Kleidung einzutauschen. Als sesshafte Ackerbauern organisierten sich die Stämme der Huronen in Dorfgemeinschaften, wobei die fünf oder sechs größeren Dörfer mit je etwa 2000 Bewohnern palisadenbewehrt waren und so viel Platz boten, dass sie im Falle von Angriffen die Bevölkerung der Satellitensiedlungen aufnehmen konnten. Die Dörfer selber mussten alle 10 bis 20 Jahre um einige Kilometer verlegt werden, weil der Boden der Äcker ausgelaugt und Brennholz knapp geworden war.

Die Einführung des Ackerbaus und die damit verbundene Umstellung von nomadischer auf sesshafte Lebensweise hatten weitreichende Folgen für die Aufgabenverteilung zwischen den Geschlechtern. Die Frauen übernahmen den Garten- und Ackerbau, mit dem sie zur Zeit der Ankunft der Weißen etwa 70 % der benötigten Nahrungsmittel produzierten. Die Männer, die bis dahin mit Jagd und Fischfang den größten Teil der Nahrung beschafft hatten, sahen sich ihrer wichtigsten Aufgabe beraubt. Der Fischfang deckte zwar noch 20 % des Kalorienbedarfs, und mit dem beschwerlichen Roden und Anlegen der Felder sowie mit dem Bau von Langhäusern, die wegen des Verlegens der Dörfer immer wieder neu errichtet werden mussten, waren zwei wichtige Aufgaben hinzugekommen, doch schien den jungen Männern das zu wenig. Jedenfalls suchten sie nun, in der Kriegsführung ihre Männlichkeit zu erweisen. Bis zur Ankunft der Europäer ging es den beteiligten Stämmen kaum je um Gebietsgewinne und wirtschaftliche Vorteile, sondern darum, Ruhm und Ehre zu gewinnen, den Tod Verwandter zu rächen, und schließlich, Gefangene zu machen, um sie in einem Sonnenkult zu opfern. Zwischen 1300 und 1500 muss dieser ein deutlich kannibalistisches Element enthalten haben, denn es gibt zahlreiche Funde gekochter menschlicher Knochen. Nach dem Entstehen von Konföderationen scheinen derartige Kriege bei Huronen wie Irokesen an Heftigkeit verloren zu haben.

Doch selbst nach Ankunft der ersten Jesuitenmissionare war es durchaus noch üblich, Gefangene zu Tode zu martern, nachdem sie zuvor von Familien adoptiert worden waren, die selber einen vom Feind Getöteten zu beklagen hatten. Vor der ein bis fünf Tage dauernden, mit großer Grausamkeit durchgeführten Marterzeremonie musste der Gefangene ein Fest geben, das von seiner Adoptivfamilie ausgerichtet wurde. Dann folgte die eigentliche Marter, wobei man strikt darauf achtete, dass das Opfer nicht im Dunkel der Nacht, sondern erst nach Aufgang der Sonne starb, der das Marteropfer dargebracht wurde. Die Endphase der Tortur bestand darin, dass junge Krieger dem Sterbenden das Herz herausschnitten. Wenn er sich während der Marter als besonders tapfer erwiesen hatte, brieten und aßen sie es, damit sein Mut auf sie übergehe. Anschließend wurde die Seele des Toten unter Lärm und Geschrei aus dem Dorf getrieben, damit sie keinen Schaden anrichten konnte.

Die dauerhafte Ansiedlung der Franzosen in Kanada nach 1608 unter Samuel de Champlain sollte die Lebensweise der Huronen grundlegend verändern. Zunächst gab es nur einen indirekten Kontakt zwischen den beiden Völkern, den die Algonkin und Montagnais, die ursprünglichen Vermittler der Franzosen im Pelzhandel, herstellten. Als Ackerbauern hatten die Huronen, der damals mächtigste Stamm des östlichen Kanada, mit den umliegenden indianischen Völkern enge Handelsbeziehungen geknüpft, wobei sie deren Pelze und Wild gegen Mais, Bohnen und Tabak tauschten. Diese zentrale Rolle prädestinierte sie zu Mittlern im Pelzhandel, und bald wickelten die Franzosen ihre Geschäfte mit anderen indianischen Völkern nur noch über die Huronen ab. Zugleich aber verwickelte diese Mittlerrolle sie auch in die kolonialen Machtkämpfe zwischen Engländern und Franzosen, was die traditionellen Rivalitäten zwischen ihnen und den mit den Engländern verbündeten Irokesen verschärfte und ihnen letztlich auch zum Verhängnis wurde.

Mit den Händlern waren auch Jesuitenmissionare zu den Huronen gekommen und entfalteten im Laufe der Jahre eine recht erfolgreiche Missionstätigkeit. Ihren Berichten an die Oberen im Mutterland vor allem verdanken wir die relativ detaillierten Beschreibungen huronischer Lebensweise und huronischen Denkens. Und es waren vor allem die Missionare, welche die Huronen mit der europäischen Kultur in Kontakt brachten. Technische Errungenschaften erregten deren Staunen am stärksten, etwa eine Uhr, in der es jemanden zu geben schien, der die Stunde schlug, oder die Schrift, mit deren Hilfe man erfuhr, was an ganz anderem Ort jemand gesagt hatte. Auf den Bartwuchs und das krause Haar ihrer Besucher reagierten die Huronen dagegen eher mit Ablehnung. Die Missionare ihrerseits waren vor allem erstaunt über manche Sitten und Gebräuche der Huronen, so über ihre Gastfreundschaft, Hilfsbereitschaft und häusliche Friedfertigkeit, die alles übertraf, was sie aus Frankreich kannten.

Trotz ihrer Erfolge als Mittler im französischen Pelzhandel sollten zwei Umstände in wenigen Jahren zur nahezu völligen Vernichtung der Huronen führen. Zwischen 1634 und 1640 starben mehr als zwei Drittel des Stammes an den Folgen von Epidemien. Und die Mohawk, der nördlichste Stamm der Irokesen, nutzten nun, zusammen mit den anderen Stämmen der Irokesen, die Gunst der Stunde zu Angriffen auf die durch innere Zwistigkeiten zwischen christianisierten und heidnischen Stammesmitgliedern weiter geschwächten Huronen, zerstörten ihre Dörfer und vernichteten die Ernte. Das bedeutete das Ende der huronischen Vorherrschaft.

Im Jahre 1649 waren sie aus ihrem Siedlungsgebiet vertrieben. Viele ihrer Krieger hatten den Tod gefunden; einige waren mit ihren Familien nach Québec geflüchtet, wo noch heute die Huronen von Lorette leben; andere, die sich nun Wyandot nennen, suchten Zuflucht bei den Susquehannock, den südlichen Feinden der Irokesen. Die meisten der überlebenden Kinder und jungen Männer aber wurden – und hier unterschied sich die indianische Kriegsführung deutlich von der europäischen – von den Stämmen der Irokesen, das heißt von ihren Feinden, adoptiert. Durch diese Adoptionspraxis füllte man die durch Krieg oder Epidemien entstandenen Lücken im eigenen Stamm wieder auf. So bestand der Stamm der Oneida zum Beispiel 1668 zu zwei Dritteln aus Huronen und Algonkin; bis zu 1000 Huronen wurden 1651 von den Seneca aufgenommen, die mit Gandougarae sogar ein Huronendorf gründeten; und auch bei den Mohawk, den erbittertsten Feinden der Huronen, lebten rund 700 adoptierte Huronen. Die geflohenen Huronen allerdings wurden noch über viele Jahre unerbittlich verfolgt.

Diese mehrere tausend Huronen umfassende Adoptionswelle sollte freilich auch für die Irokesen nicht ohne Folgen bleiben. Die Seneca betrieben fortan eine profranzösische Politik, die Mohawk spalteten sich in zwei Gruppen auf; die katholisch gewordenen Mohawk zogen nach Caughnawaga nahe Montreal, wo sie noch heute leben. Die in der Heimat gebliebenen wurden zu noch erbitterteren Feinden der Franzosen. So trug der Sieg

der Irokesen über die Huronen letztlich den Keim ihres eigenen
Niederganges in sich.

5. Die Rebellion der Pueblos
gegen das Christentum

Der Südwesten – das heutige Neumexiko und Arizona – war
die Heimat halbnomadischer Stämme wie der Apachen und Navajos und sesshafter, Wüstenackerbau treibender Völker, vor
allem denen der Pueblo-Indianer. Da das Land, wie die Spanier
entdeckten, wenig Begehrenswertes besaß, kam es erst Anfang
des 17. Jahrhunderts zu einer verstärkten Besiedlung.

Eines der zentralen Ziele der Kolonisierung war die Christia-
nisierung der dort lebenden indianischen Völker. Bei den Pueblos unternahmen dies Franziskanermönche, während im Süden
Arizonas und im angrenzenden Mexiko Jesuiten die Missionierung der dortigen Pima und Papago vorantrieben. Die von
den beiden Orden verfolgten Missionierungsmethoden hätten
unterschiedlicher kaum sein können. Während die Jesuiten versuchten, an die religiösen Stammestraditionen anzuknüpfen,
und die Ähnlichkeit dieser Traditionen mit den christlichen be-
tonten, gingen die Franziskaner von der Prämisse aus, dass die
Pueblo-Indianer entweder gar keine Religion besäßen oder vom
Teufel zum Götzendienst verführt worden seien. Folglich wurde
ihre Religion unnachgiebig bekämpft.

Dabei hätte es für die knapp unter dreißig in Neumexiko ak-
tiven Franziskaner durchaus die Möglichkeit gegeben, etwa die
Pueblo-Tradition des zeremoniellen Kopfwaschens in der Taufe
aufzugreifen. Auch die im Christentum wie bei den Pueblos
praktizierte Verwendung von Altären, kostbaren Gewändern
für die Priesterschaft, von Gebetshilfen (hier Gebetsstöcke, dort
der Rosenkranz) und rituellen Gesängen hätte nahegelegt, Ähn-
lichkeiten zu betonen und dann erst auf Unterschiede einzuge-
hen. Deren gab es genug: Für die Pueblos war die Unterwelt der
Ort, aus dem sie ans Licht der Welt gekommen waren und zu
dem sie eine besonders enge Beziehung hatten; der Himmel
bedeutete ihnen nicht viel. Sie kannten keinen *einen* Gott und

keine Schöpfung aus dem Nichts. Nach dem Aufstieg aus der Unterwelt hatten Götter und Kachinas unter ihnen gelebt und sie das zum Überleben Notwendige gelehrt. Die Welt war ihnen nicht von einem Gott übergeben worden, um sie sich untertan zu machen; sie war ein heiliger Ort, und die Dinge in ihr waren ebenfalls heilig. Den Pueblos war nicht das Individuum wichtig, sondern die Gemeinschaft. Himmel und Hölle, auf die Gute und Böse nach dem Tode verteilt wurden, gab es nicht; jeder, ob gut oder böse, würde nach seinem Tode nach *shipapu*, der Nachwelt, gelangen und dort mit seinen Vorfahren wieder vereint sein.

Trotz der Gegensätzlichkeit der beiden Glaubenswelten waren die ersten Missionierungserfolge der Franziskaner durchaus beachtlich: Etwa 20 000 Pueblo-Indianer, das heißt mehr als die Hälfte der Bevölkerung, ließen sich taufen. Doch dieser Erfolg war den Mönchen nicht genug. Es mussten noch mehr bekehrt werden, und vor allem sollten diejenigen, die bereits Christen waren, jeder Glaubenspraxis entsagen, die aus ihrer ‹heidnischen› Zeit stammte. Dazu gehörten vor allem die Konsultation der Medizinmänner und die Teilnahme an Kivasitzungen.

Nach 1670 begannen die Franziskaner, mit großer Härte gegen die Überreste des alten Glaubens vorzugehen. Die religiösen Zeremonien und liturgischen Gegenstände der Pueblos waren bereits verboten, doch jetzt wurde die strikte Einhaltung dieses Verbots gefordert. Die Kivas, die Zeremonienräume der Pueblos, wurden zerstört, ebenso die Masken und Gebetsstöcke; Priester und Medizinmänner wurden festgesetzt, ausgepeitscht, gehängt. Die indianische Welt – Religion, Weltbild und Ethos – sollte vollständig vernichtet werden.

Gegen diese Unterdrückung, vor allem aber gegen den Zerfall ihrer traditionellen Gesellschaft, in die das Christentum einen Keil getrieben hatte, beschlossen die Pueblos zu rebellieren. Im August 1680 kam es zu einer unter allen Pueblo-Völkern verabredeten Erhebung. Von den 2500 spanischen Siedlern wurden etwa 380 getötet, der Rest vertrieben. Der besondere Zorn richtete sich gegen die zu jener Zeit 33 Mönche, von denen 21 den Tod fanden. Der Besitz der Weißen wurde zerstört, Kirchen-

bücher, Kreuze, Bilder und andere heilige Gegenstände vernichtet. Die Pueblos nahmen lange Bäder, um die Spuren der Taufe
abzuwaschen, gaben europäische Kleidung und Namen auf,
verließen ihre christlichen Ehepartner und kehrten zu den alten
Traditionen zurück.

Erst 1696 gelang die Rückeroberung Neumexikos. Viele der
Pueblos flohen zu benachbarten Stämmen, besonders zu den
Hopi, die im Nordosten Arizonas weitab von spanischem Einfluss lebten. Bei ihnen ist die traditionelle indianische Lebensweise auch heute noch am tiefsten verwurzelt.

6. Der Kontakt
mit der europäischen Warengesellschaft

Handel zwischen den verschiedenen indianischen Völkern
Nordamerikas hatte es schon lange gegeben, doch beschränkte
er sich in der Regel auf wenige Güter und nahm vermutlich nur
in den agrarischen Häuptlingstümern des Südostens größeren
Einfluss auf die Gesellschaft. Das sollte nun anders werden: Der
Pelzhandel veränderte von Grund auf die Lebensweise all der
Stämme, die mit ihm in Berührung kamen. Mit den europäischen Waren kamen nicht nur Dinge in die indianische Welt, die
das Ansehen ihres Besitzers steigerten, sondern auch solche, die
von eminentem Nutzen im Alltagsleben waren. Gerade das Verlangen nach diesen Gütern machte aus wirtschaftlich autarken
indianischen Gesellschaften abhängige Völker, die ihre Abhängigkeit besonders dann schmerzhaft zu spüren bekamen, wenn
die Pelzhandelsfront über sie hinweg gegangen und weiter ins
Landesinnere gezogen war. In den ersten Jahrzehnten des
19. Jahrhunderts hatten europäische Pelzhändler auch die letzten Prärie- und Gebirgsstämme erreicht. Am Endes des Jahrhunderts waren Pelztiere so selten geworden, dass Jagd und
Handel zum Erliegen kamen.

Für viele Stämme waren Pelzhändler und Fallensteller die
einzigen Weißen, mit denen sie Kontakt hatten. Es entwickelte
sich ein enges Beziehungsgeflecht, bei dem die Indianer neben
den von ihnen aufbereiteten Fellen auch ihre Dienste als Jäger,

Kundschafter, Dolmetscher und Träger anboten, Dienste, die von den Weißen mit europäischen Waren entgolten wurden.

Die indianischen Stämme gewöhnten sich mehr und mehr an die Waren der Weißen, besonders an den Alkohol, und das veränderte ihr soziales Gefüge. Es entstand die einflussreiche Position des Handelshäuptlings oder Mittelsmanns, der die für Verhandlungen notwendigen Englisch- oder Französischkenntnisse besaß und das erforderliche Geschick, um für den eigenen Stamm ein möglichst vorteilhaftes Ergebnis beim Tausch der Pelze gegen Waren zu erzielen. Der Aufstieg dieser neuen Führungsschicht ging zu Lasten der traditionellen Häuptlinge.

Ferner förderte der Pelzhandel die Polygamie. Es hatte sie bei einzelnen Stämmen immer schon gegeben, doch jetzt kam ein sehr starkes ökonomisches Motiv hinzu: Je mehr Frauen und Töchter man besaß, desto mehr Felle konnten diese verarbeiten, und mehr Felle bedeuteten mehr Ware. Warenbesitz wiederum erhöhte die Rangposition im Stamm. Damit etablierte sich ein Wert in den indianischen Gesellschaften, der vor dem Kontakt mit den Europäern nur selten von Belang gewesen war.

Der Pelzhandel beschleunigte zudem den Wanderungsprozess, den es immer gegeben hatte, wenn das Kräftegleichgewicht zwischen den Stämmen gestört worden war. Denn mit den Waffen der Weißen und mit dem Pferd waren zwei Faktoren ins Spiel gekommen, die das Kräfteverhältnis zwischen den Stämmen radikal veränderten. Der Erwerb einiger weniger zusätzlicher Feuerwaffen, der Besitz oder Nichtbesitz des Pferdes konnten darüber entscheiden, ob man einen Kampf erfolgreich bestand oder nicht. Stämme wie die Gros Ventre und die Blackfoot, die gerade selber ihr Siedlungsgebiet auf Kosten der Kutenai, Nez Perce und Flathead in den kanadisch-amerikanischen Grenzprärien ausgeweitet hatten, wurden nun Opfer besser bewaffneter Gegner wie der Cree und Assiniboin, denen sie Teile ihres Stammesgebietes überlassen mussten.

Zusätzlich kam es zu einem Verdrängungswettbewerb unter den im Pelzhandel tätigen Völkern. Stämme im Osten unternahmen, wenn in ihrem Territorium die Pelztiere seltener geworden waren und die Jagd sich nicht mehr lohnte, Übergriffe auf das

Jagdgebiet fremder, für gewöhnlich weiter westlich siedelnder Völker. Oder sie übernahmen die Rolle von Zwischenhändlern, was ihnen oft Reichtum und Einfluss brachte, denn die im Pelzhandel noch unerfahrenen westlichen Stämme waren auf ihre Hilfe ebenso angewiesen wie die Pelzhandelsgesellschaften.

Im Pelzhandel stießen zwei Kulturen aufeinander, wie sie hinsichtlich ihrer Besitzvorstellungen gegensätzlicher kaum sein konnten. Die Kultur der Weißen, so weit die Indianer mit ihr in Kontakt kamen, war geld- und besitzorientiert. Die Pelzhandelsgesellschaften verloren bei allem, was sie taten, ihr eigentliches Ziel nie aus den Augen: für die Anteilseigner in London, Paris, Montreal oder New York Gewinn zu erwirtschaften.

Die Indianer dagegen verachteten die Weißen, denn ihnen schien jede Großzügigkeit zu fehlen. Geiz und Gier waren ihre hervorstechendsten Eigenschaften. Für sie selber hatte Besitz an sich keinen Wert. Man teilte, was man besaß, mit anderen und verlieh so seiner Freundschaft und Achtung Ausdruck.

Es verwundert daher nicht, dass die Indianer bei ihren Zusammenkünften mit weißen Händlern Geschenke erwarteten, und zwar als Zeichen der Freundschaft und der Wertschätzung. Die Weißen deuteten diese Erwartungshaltung jedoch als Bettelei. Und wenn die Indianer sich Dinge nahmen, die ihrem Verständnis nach Allgemeinbesitz waren oder hätten sein sollen, galten sie als Diebe. Obwohl derartige Missverständnisse alltäglich sind, wenn verschiedene Kulturen aufeinandertreffen, schaffen sie dennoch ein prekäres Verhältnis zwischen den Beteiligten, das jederzeit in Feindseligkeit umschlagen kann. So kam es oft zu Gewalt gegenüber «diebischen» Indianern. Ebenso oft überfielen Indianer weiße Händler, wenn sie sich in Stolz und Ehre verletzt fühlten oder glaubten, sie seien betrogen worden, weil die Händler für ihre Waren nun mehr Pelze verlangten als im Jahr zuvor. Nicht selten fühlten sie sich auch von weißen Fallenstellern verdrängt, die in immer größerer Zahl nach Westen vorrückten und ihnen das Pelzgeschäft streitig machten. Was immer der Grund für ihren Zorn war, der Genuss von Alkohol ließ ihn nur noch größer werden. Es kam zu Auseinandersetzungen, die auf beiden Seiten oft tödlich endeten.

Langfristig betrachtet, brachte der Pelzhandel den indianischen Völkern keinen Vorteil. Für einzelne Stämme stellte er für ein, zwei Jahrzehnte eine relativ gesicherte Handelsbasis dar. Dann wanderte er weiter, bis es schließlich selbst in den entlegensten Gegenden kaum noch Biber, Otter, Füchse, Wölfe und Bisons gab, die man hätte jagen können. Für die Weißen folgte auf den Pelzhandel die weit wichtigere Phase der Besiedlung jener Gebiete, die zuvor von den Pelzhändlern und den Pelzhandelsgesellschaften erkundet und erschlossen worden waren. Für die Indianer jedoch folgte eine Phase der Verarmung. Sie waren von weißen Gütern abhängig geworden, besaßen mit dem Schwinden der Pelztiere und der Unterbringung in Reservaten jedoch nichts mehr, was weiße Händler hätte interessieren können.

7. «Der Weg der Tränen»

Das Land, das die Cherokesen ursprünglich bewohnten, umfasst die heutigen Staaten Nord- und Südkarolina, Georgia, Tennessee und Alabama und vermutlich auch Kentucky und Virginia, zumindest beanspruchten sie letztere als Jagdgebiet. Nach ihren Mythen war dieses Land von einem Wasserkäfer aus Schlamm geschaffen worden, den er vom Grunde des Meeres heraufgebracht hatte. Dann hatte der Flügelschlag eines Bussards die Erde berührt und die Berge aufgeworfen. Ihre gesamte Welt einschließlich der Tiere, die sie jagten, und der Pflanzen, die sie anbauten, entstammte solch mythischem Ursprung.

Die Welt der Cherokesen war eine nach dualen Prinzipien geordnete Welt, und diese Ordnung musste gewahrt oder wiederhergestellt werden, sollte der Kosmos nicht aus den Fugen geraten. Eines dieser Grundprinzipien war die Teilung der Menschheit in Frauen und Männer, die jeweils ganz bestimmte Aufgaben hatten. So oblag den Frauen die Feldarbeit, den Männern die Jagd. Und bei beiden Bereichen gab es einen Sektor, wo die Geschlechter sich die Arbeit teilten; so halfen die Männer beim Roden und Pflanzen, die Frauen beim Ausnehmen und Abziehen der Tiere und beim Gerben. Ein weiteres dieser Prinzipien bestand darin, dass es die heilige Pflicht eines jeden

Cherokesen war, den Tod eines ermordeten Stammesgenossen zu rächen. War dieser von jemandem aus einem anderen Klan getötet worden, so musste ein Mitglied dieses Klans sterben. Kam der Mörder aus einem anderen Stamm, so bedeutete es Krieg. Das Blutracheprinzip stellte das ursprüngliche Gleichgewicht wieder her, führte aber nicht selten zu einer endlosen Kette von Tötungen. Blieb die Welt jedoch im Ungleichgewicht, so drohten den Cherokesen Krankheit, Trockenheit und sonstige Übel.

In diese Welt drangen jäh die Europäer ein, zunächst vor allem als Überträger von Krankheiten, denen im 17. Jahrhundert vermutlich die Hälfte des Stammes zum Opfer fiel. Dennoch hatte das Volk der Cherokesen immer noch etwa 16 000 Mitglieder, als um 1700 der Kontakt mit den Engländern intensiver wurde, wobei vor allem Hirschhäute für Europa und Kriegsgefangene für den Süden oder die karibischen Inseln gegen europäische Waren getauscht wurden. Während der Handel mit Sklaven um die Mitte des Jahrhunderts zum Erliegen kam, wurde der Handel mit Fellen noch ausgeweitet, denn auch die cherokesische Wirtschaft war von europäischen Waren abhängig geworden, weil die für deren Herstellung erforderlichen handwerklichen Traditionen fehlten.

Im Verlauf des Jahrhunderts hatten die Cherokesen immer wieder Land abgetreten, in der vergeblichen Hoffnung, dass dies dem Zustrom der Siedler auf ihr Gebiet ein Ende setzen würde. Daher sahen sie ihre eigentlichen Feinde nicht in der Kolonialregierung, sondern in den Siedlern selbst. Als es zu deren Unabhängigkeitskrieg gegen das Mutterland kam, ergriff ein Teil der Cherokesen Partei für Großbritannien, wofür sich die Siedler bitter rächten. 75 Pfund war der Skalp eines cherokesischen Kriegers wert, und am Ende des Unabhängigkeitskriegs lagen über 50 ihrer mit Palisaden bewehrten Dörfer in Schutt und Asche, die Ernte war zerstört, das Vieh getötet. Zudem mussten sie bis 1794 den größten Teil ihres Jagdgebiets abtreten. Die Kriegszerstörungen und das aus dem Landverlust folgende Ende des Pelzhandels vernichteten auch das traditionelle cherokesische Wirtschaftssystem.

Konfrontiert mit dem Problem, wie die junge Republik die indianische Frage «auf ehrenhafte Weise» lösen könnte – das heißt, ohne den physischen Untergang der Indianer zu betreiben –, entwarf die amerikanische Regierung unter George Washington eine Politik der «Zivilisierung der Wilden», wobei Zivilisierung vor allem hieß, aus den Indianern Abbilder der agrarischen amerikanischen Bevölkerung der damaligen Zeit zu machen.

Im Mittelpunkt der Politik standen dabei die Krieger, aus denen von der Regierung mit allem Nötigen versehene Bauern gemacht werden sollten. Doch dies kollidierte, wie bei vielen anderen indianischen Gesellschaften auch, mit den cherokesischen Geschlechterrollen, nach denen Feldarbeit Frauensache war. Trotz solch ungünstiger Startbedingungen gelang den Cherokesen ein höchst erfolgreicher Umbau ihrer Gesellschaft. Die Männer wurden keine Bauern, sondern betrieben Viehzucht, wegen des Umgangs mit Tieren eine dem Jagen immerhin verwandte Tätigkeit, statt beim Roden halfen sie den Frauen nun beim Pflügen. Viehzucht und Landwirtschaft entwickelten sich zu florierenden Wirtschaftszweigen.

Unter allen indianischen Völkern waren die Cherokesen besonders erfolgreich bei der Übernahme weißer Kulturtechniken. Bereits 1817 ersetzten sie die alte, auf dem Klan-System beruhende Herrschaftsform durch einen gewählten Stammesrat. Zwei Jahre später schufen sie sich eine eigene, an die amerikanische angelehnte Verfassung; sie begründeten ein eigenes Gerichtssystem, baten Missionare in ihr Land, bauten Schulen, Straßen und Kirchen und erwarben neue handwerkliche Fähigkeiten. Sequoia, Sohn eines deutschen Händlers und einer cherokesischen Häuptlingstochter, entwickelte eine eigene Schrift, die bald die Mehrzahl der Cherokesen lesen konnte, und gründete eine eigene Landeszeitung. Laut einer Inventarliste besaßen die circa 17 000 Cherokesen im Jahre 1826 folgendes Eigentum: 1560 schwarze Sklaven, 22 000 Rinder, 7600 Pferde, 46 000 Schweine, 2500 Schafe, 762 Webstühle, 2488 Spinnräder, 172 Planwagen, 2942 Pflüge, 10 Sägemühlen, 31 Kornmühlen, 8 Baumwollverarbeitungsmaschinen, 18 Schulen und

18 Fähren. Dies repräsentiert einen Reichtum, der Neid und Begehrlichkeit ihrer ärmeren weißen Nachbarn weckte.

Bereits die Präsidenten Jefferson und Monroe hatten, obwohl die Cherokesen so offensichtliche «Zivilisierungserfolge» vorweisen konnten und an Bildung die meisten weißen Siedler übertrafen, deren Umsiedlung empfohlen. Präsident Jackson ging diese, nachdem auch noch Gold auf cherokesischem Gebiet gefunden worden war, nun energisch an. 1830 verabschiedete der Kongress ein Umsiedlungsgesetz (*Indian Removal Act*), das vorsah, alle östlich des Mississippi lebenden indianischen Völker, insbesondere die fünf zivilisierten Nationen des Südostens, nämlich die Cherokesen, Chickasaw, Choctaw, Creek und Seminolen, in das Indianerterritorium zwangsumzusiedeln. In zwei Verfahren klagten die Cherokesen erfolgreich gegen dieses Gesetz, doch gelang es Jackson 1835, einige wenige Stammesmitglieder zur Unterzeichnung eines Vertrages zu bewegen, in dem sie unter Aufgabe ihrer Heimat und gegen eine Entschädigung von $ 5 000 000 der Umsiedlung ins Indianerterritorium zustimmten. Jackson unterschrieb den Vertrag, obwohl er, wie er wusste, gegen den erklärten Willen der großen Mehrheit der Cherokesen abgeschlossen worden war, und er wurde im Kongress mit einer Stimme Mehrheit ratifiziert.

Als im Mai 1838 das Datum für die Umsiedlung abgelaufen war, besetzte die amerikanische Armee mit 7000 Mann, praktisch der gesamten damaligen Armee, das Land, trieb die Cherokesen in eiligst gebauten provisorischen Forts zusammen, und begann zu Winteranfang mit der Umsiedlung. Viele waren bereits aufgrund katastrophaler sanitärer Verhältnisse in den Forts an Masern, Keuchhusten und Ruhr gestorben, auf dem 1000 Meilen langen Marsch, der als der «Weg der Tränen» bekannt werden sollte, starben dann weitere 4000.

Einigen Cherokesen gelang es, in die Wälder zu entkommen; einige wenige besaßen die amerikanische Staatsbürgerschaft und «eigenen» Grund und Boden; sie blieben im Osten und bilden heute den Stamm der Östlichen Cherokesen. Andere waren bereits vor der Zwangsumsiedlung nach Westen, hauptsächlich nach Texas, gezogen, wieder andere nach Arkansas. Diese wurden nun ebenfalls gezwungen, sich in Oklahoma im Indianerterritorium niederzulassen. Zwischen diesen Gruppen, zu denen noch die Unterzeichner des Umsiedlungsvertrags kamen, deren Anführer inzwischen ermordet worden waren, bestanden starke Spannungen, die sich in einem mehrjährigen Bürgerkrieg entluden. Erst als der amerikanische Kongress drohte, das Volk der Cherokesen zu teilen, einigte man sich 1846 auf die Gründung der Cherokesischen Nation.

Auch unter den nun weitaus widrigeren Verhältnissen gelang den Cherokesen der kulturelle und ökonomische Wiederaufstieg. Der endgültige Niedergang jedoch begann damit, dass sie im amerikanischen Bürgerkrieg die ‹falsche› Partei ergriffen, was den siegreichen Norden veranlasste, alle bisherigen Verträge für null und nichtig zu erklären und ihnen erneut Land zu nehmen. Damit setzte der endgültige Niedergang ein. Sie wurden, wie viele andere indianische Völker auch, Opfer einer Indianerpolitik Washingtons, die so kurzfristig angelegt und in sich so widersprüchlich war, dass sie jeden Versuch der Stämme, dem Leben ihrer Mitglieder eine neue Ordnung zu geben, zunichte machte.

8. Die vergebliche Flucht der Nez Perce

Die Numiipu oder, wie Meriwether Lewis und William Clark sie nannten, die Nez Perce («Durchstoßene Nasen») lebten in festen Siedlungen im Zuflussgebiet des Snake River, dort, wo Oregon, Washington und Idaho aneinandergrenzen. Sie ernährten sich hauptsächlich vom Fischfang; das Sammeln von Beeren und Wurzeln spielte kaum eine Rolle. Um 1800 hatten die Nez Perce etwa 7000 Mitglieder. Es begann eine Zeit der Umwälzungen. Aus dem Osten kamen europäische Handelswaren und das Pferd; die Nez Perce stellten ihre Lebensweise um, sie lebten nun eher wie die Jägervölker der Prärie und wurden berühmt als Pferdezüchter. Neue Krankheiten, eine neue Religion, neue Siedler kamen und forderten Entscheidungen, auf die ihre traditionelle Lebensweise sie nicht vorbereitet hatte. 1855 wurde ein 30 300 km² großes Reservat eingerichtet, in dem Weiße nicht siedeln durften. Als man Gold im Reservat fand, wurde es 1863 vertraglich auf ein Zehntel verkleinert. Der Stamm zerfiel in Vertragsbefürworter und -gegner.

Ähnlich wie bei den Santee-Sioux in Minnesota kam es auch hier zu Übergriffen auf Siedler. Die Kavallerie rückte an (1877), die Gegner des Vertrages von 1863 flohen in die Berge, verfolgt von der Armee. Unter Führung von Chief Joseph und Looking Glass versuchten die Nez Perce – Krieger, Frauen und Kinder –, die kanadische Grenze zu erreichen. Auf ihrem 1600 Kilometer langen Marsch gelang es ihnen immer wieder, die sie verfolgenden Einheiten zu schlagen. Umzingelt, ergab sich Chief Joseph kurz vor der kanadischen Grenze, denn nur er und die Krieger hätten über die Grenze entkommen können, nicht aber Frauen und Kinder. Die Nez Perce wurden als Gefangene ins Indianerterritorium nach Oklahoma gebracht. Dort erlagen viele dem für sie ungewohnten Klima. 1883/84 erlaubte man den Überlebenden, nach Idaho zurückzukehren. Chief Joseph jedoch und den schärfsten Vertragsgegnern wurde diese Rückkehr verweigert. Sie mussten sich in dem Colville-Reservat in Zentral-Washington ansiedeln, wo Chief Joseph 1904 starb.

9. Aufstieg und Niedergang der Sioux

Noch am Anfang des 18. Jahrhunderts ein relativ unbedeutender Verbund von Stämmen, stiegen die Sioux in kurzer Zeit zu Herrschern der nördlichen Prärien auf. Sie lebten im 17. Jahrhundert im Quellgebiet des Mississippi, von wo sie von den Cree und Assiniboin, die durch den Pelzhandel mit den Franzosen in den Besitz von Gewehren gelangt waren, nach Südwesten in den Grenzbereich von Waldland und Prärie verdrängt wurden. Die Santee, die östlichste Gruppe der Sioux, blieb dort und behielt ihre Waldlandkultur bei. Einige Stämme der Sioux, die Teton, Yankton und Yanktonai, verließen das Waldland und zogen in die Prärie. Dort entwickelten sie in kurzer Zeit eine nomadische, auf Kleingruppen basierende Jägerkultur samt der dazugehörenden Mythologie und eroberten im Laufe von zwei Jahrhunderten ein Gebiet, das Nord- und Süd-

Die größeren Indianerkriege

1622–46	Kriege mit den Powhatan in Virginia	400–500 Siedler werden 1644 bei einem Angriff getötet. Der Krieg endet mit einem Waffenstillstand, der die Niederlage der Powhatan besiegelt.
1636–38	Pequot-Krieg in Neuengland	600–700 Pequot werden in Mystic, einem ihrer Dörfer, getötet. Die Pequot treten Connecticut ab.
1641–64	Periode der holländisch-indianischen Kriege	Die holländischen Kolonien werden englisch.
1675–76	Krieg mit den Wampanoag und Narrangansetts unter Metacom (König Philip) in Neuengland	600 Narragansett werden in einem Sumpf getötet, darunter 300 Frauen. Der Krieg war eine Katastrophe für für beide Seiten. Der indianische Widerstand jedoch war gebrochen.
1680–92	Rebellion der Pueblos unter Popé	Die Spanier werden vertrieben. Erst 1692 wird Santa Fé zurückerobert.
1711–13	Krieg mit den Tuscarora	Die Tuscarora werden aus Südkarolina verdrängt, wandern nach Norden und schließen sich dem Irokesenbund an.
1754–63	Französischer und indianischer Krieg	Französisch-Kanada wird britisch.
1763–64	Pontiacs Aufstand	Die Ottawa, Delawaren, Irokesen und und Shawnee wehren sich gegen das Vordringen der Briten.
1812–14	Tecumsehs Krieg	Tecumseh kämpft vergebens an der Seite der Briten gegen das Vordringen der Amerikaner nach Nordwesten.
1816–18	1. Krieg mit den Seminolen	Spanien tritt Florida an die USA ab.
1830	Unterzeichnung des Gesetzes zur Umsiedlung der Indianer in das sogesogenannte «Indian Territory», das heutige Oklahoma	Die Umsiedlung beginnt 1831 mit den Choctaw und endet 1838/39 mit den Cherokesen («Weg der Tränen»). Präsident und Kongress missachten ein Urteil des Obersten Bundesgerichts, welches das Umsiedlungsgesetz für Unrecht erklärt hatte (1832).

1830–32	Black Hawks Krieg	Vergeblicher Kampf der Sauk und Fox um Illinois und Wisconsin.
1835–42	2. Krieg mit den Seminolen	Die Seminolen unter Osceola vertreiben Pflanzer; sie töten 107 Mann einer 110 Mann starken Truppe. Nach Osceolas Tod lassen sich die meisten Seminolen umsiedeln.
1860–85	Apachen-Aufstand und -Kriege	Die Apachen unter Cochise, Victorio und später Geronimo kämpfen im Grenzgebiet zwischen den USA und Mexiko um ihre Unabhängigkeit. Geronimo und seine Leute werden 1885 als Gefangene nach Oklahoma gebracht.
1862	Erhebung der Santee Sioux in Minnesota	Um ihre Rationen betrogen, erheben sich die Sioux. Der Aufstand wird niedergeschlagen.
1864–68	Krieg mit den Navajos	8000 Navajos werden in Bosque Redondo, einem Wüstenreservat, zusammengetrieben. Viele sterben. Ein Vertrag erlaubt ihnen die Rückkehr in ihr Siedlungsgebiet.
1874–77	Kampf der Sioux um die Black Hills	Trotz des Erfolgs über Custer endet der Kampf mit der militärischen Niederlage der Sioux
1877–78	Flucht und Verfolgung der Nez Perce	Die Nez Perce werden für mehrere Jahre nach Oklahoma umgesiedelt.
1890	Geistertanz-Bewegung	Sie endet mit dem Massaker bei Wounded Knee (29. 12.) und markiert das Ende der Indianerkriege.

dakota, Nebraska sowie Teile von Montana und Wyoming bis hinein ins nördliche Kansas umfasste. Für die dort lebenden indianischen Völker waren es die Sioux, die als Eroberer gekommen waren, nicht die Weißen.

Nach Ansicht vieler Historiker und Ethnologen kämpften die Stämme der Prärie – einschließlich der Sioux – nicht um Land und Jagdrechte, sondern um Ruhm, Ehre und Beute oder aus Rache, kurz: um Dinge, durch die der einzelne Krieger Anerkennung suchte und fand. Die Machtverhältnisse zwischen den

Stämmen seien von solchen Kämpfen unberührt geblieben. De facto aber eroberten die Sioux die nördliche Prärie wegen ihres Bison-, Pelztier- und Pferdereichtums.

Wenn einige Stämme der Prärie – wie etwa die Pawnee, Mandan Hidatsa und Omaha – nie die Waffen gegen die Weißen erhoben, dann deshalb, weil sie hofften, so ihren Feinden, den Sioux, zu schaden und deren weiteres Vordringen zu verhindern. Aus den gleichen Gründen dienten den Amerikanern später bei ihren Kämpfen mit den Sioux Crow-Indianer als Späher. ‹General› Custer, der eigentlich nur den Rang eines Oberstleutnants bekleidete, hatte am Tage seines Untergangs ebenfalls Crow-Scouts zur Seite. Sie waren unter denen, die dem Gemetzel entkamen.

Das Vordringen der Sioux fand zunächst an den am Missouri gelegenen befestigten Dörfern der Mandan, Arikara und Hidatsa ein Ende. Die Oglala, ein Stamm der Teton, begannen sogar, am sesshaften Leben dieser Stämme Gefallen zu finden. Doch dann brachten spanische und französische Pelzhändler, die den Missouri hinauf kamen, um 1800 den Pelzhandel mit den Engländern in Kanada zum Erliegen. Zugleich wurden Bisonfelle und Pemmikan zu begehrten Handelsobjekten. Östlich des Missouri gab es jedoch kaum noch Bisons, deshalb drangen die Sioux weiter nach Westen vor, wobei ihnen Pockenepidemien zugute kamen, denen die sesshaften Stämme am Missouri in großer Zahl zum Opfer fielen, während sie selber, da sie ein auf kleine Gruppen beschränktes, nomadisches Leben führten, nur wenige Tote zu beklagen hatten.

Die Sioux scheinen die einzigen gewesen zu sein, deren Mitgliederzahl im 19. Jahrhundert stark zunahm. Einen Zensus im heutigen Sinn gab es damals nicht; man war auf Schätzungen von Händlern, Trappern und Soldaten angewiesen. Jedenfalls dürften die Prärie-Sioux um 1800 etwa 5000 Stammesmitglieder gezählt haben, 50 Jahre später waren es circa 25 000. Dies stärkte sie militärisch gegenüber den übrigen Stämmen, deren Zahl entweder stagnierte oder abnahm. Die Deckung des täglichen Nahrungsbedarfs erforderte aber nun auch eine weit größere Zahl an Bisons. Zugleich benötigte man mehr weiße Waren – darunter Luxusartikel wie Kaffee und Zucker –, bezahlte also mit mehr Bisonhäuten, Pemmikan und Bisonzungen. Während in den ersten Jahrzehnten des Jahrhunderts jährlich um die 2600 Häute ihren Weg zu den Händlern fanden, waren es 1833 bereits 40 000 bis 50 000 und 1848 110 000. Die riesigen Bisonherden, die bis in die erste Hälfte des Jahrhunderts das Bild der Prärien von Kanada bis nach Texas geprägt hatten, wurden in der zweiten Hälfte deutlich kleiner.

Dass den Vereinigten Staaten daran gelegen war, sich mit der Hauptmacht der nördlichen Prärien zu arrangieren, um ihren Bürgern Sicherheit auf dem Weg quer durch den Kontinent bieten zu können, zeigt der 1851 geschlossene Vertrag von Fort Laramie. Eigentlich ging es bei ihm darum, Stammesgrenzen zu garantieren, Grenzverletzungen zu ahnden, dem Vordringen der Sioux ein Ende zu setzen und die Prärievölker für das durch Weiße mitverursachte Schwinden des Bison zu entschädigen. De facto aber erfüllte der Vertrag diese Ziele nicht. Eines allerdings tat er: Er bestätigte die eindeutige Vormachtstellung der Sioux, die zusammen mit den Cheyenne und Arapaho, ihren Verbündeten, den weitaus größten Teil der mehr als 10 000 bei Vertragsabschluss anwesenden Krieger stellten. Zugleich aber machte er auch klar, dass die eigentlichen Rivalen nun die Sioux und die Amerikaner waren, die beide ihren Herrschaftsbereich auszudehnen trachteten. Bereits 1855 kam es zu ersten Kämpfen zwischen amerikanischen Truppen und den Teton. Und es sollten noch viele folgen.

1862 erhoben sich die Santee-Sioux in Minnesota. Im Vertrag von Mendota (1851) hatten sie 113 300 km² Land abgetreten und dafür am Minnesota einen 150 Meilen langen und 10 Meilen breiten Streifen Landes als Reservat erhalten (3,5 % der ursprünglichen Fläche) und das Versprechen jährlicher Geld- und Sachzuwendungen. Der Zensus von 1850 hatte etwa 6000 Weiße und mehr als doppelt so viele Indianer im Territorium gezählt; 1858, als Minnesota Bundesstaat wurde, waren es bereits über 150 000 Weiße. Die Sioux fühlten sich von allen Seiten bedrängt, die weiße Indianerverwaltung war korrupt, und es entstand eine gespannte Lage, als 1862 der zuständige Agent weder Geld noch

Güter aushändigen wollte und riet, «Gras oder die eigenen Ex-
kremente zu fressen». Als vier jugendliche Santee, die ihren Mut
erproben wollten, fünf Siedler ermordeten, solidarisierte sich der
Stamm mit ihnen, und es kam zu einem im Grunde ungewollten
Aufstand, in dem sich der Groll vieler Jahre entlud. Am ersten
Tag bereits ließen 400 Weiße ihr Leben und Hunderte flohen.
Doch der Erfolg währte nur kurz. Über 300 Sioux wurden zum
Tode durch den Strang verurteilt, 38 tatsächlich hingerichtet,
das Reservat aufgelöst.

Die westlichen Sioux hatten das Schicksal der Santee als ab-
schreckendes Beispiel vor Augen. Besonders Red Cloud und seine Anhänger versuchten, alle Weißen aus dem von den Sioux
beherrschten Gebiet fernzuhalten. Das galt besonders für den
Bozeman Trail, der 1863 als schnelle Verbindung zu den Gold-
minen im Südwesten Montanas eingerichtet worden war und
mitten durch ihr Gebiet führte. Die Armee errichtete vier Forts
entlang der Route, doch es gelang den Sioux, diese lahm zu
legen, allerdings auf Kosten ständiger Scharmützel mit der Armee. Eines der berüchtigtsten war das so genannte Fetterman-
Massaker, bei dem beinahe 100 Soldaten in einen Hinterhalt
gerieten und von den Sioux unter Crazy Horse niedergemacht
wurden. 1868 gab die Armee die Forts am Bozeman Trail auf,
und im Vertrag von Laramie, den die Sioux noch im gleichen
Jahr mit den Amerikanern schlossen, wurde ihnen ein Reservat
zugestanden, das fast ihr gesamtes Stammesgebiet umfasste.

Den Drang der Weißen nach Westen und ihr Verlangen nach
Siedlungsland konnten die Sioux jedoch nicht aufhalten. Und
die Regierung war dazu ebenso wenig in der Lage. Mehrere Umstände trugen zu Beginn der 70er Jahre dazu bei, dass die Zeit
der Selbstständigkeit der Sioux und der anderen Präriestämme
dem Ende zuging. 1871 verloren die indianischen Völker auf
dem Territorium der heutigen USA ihren Nationenstatus. 1874
entdeckte eine Expedition General Custers Gold in den Black
Hills, mitten im Herzen des Sioux-Gebietes. Darauf schloss die
Regierung gesetzeswidrig mit einigen nicht-autorisierten Sioux
einen Vertrag über die Abtretung der Black Hills. Die einst so
riesigen Bisonherden waren weitgehend vernichtet. Dann wur-

den Ende 1875 unter Bruch des Vertrages von 1868 alle außerhalb der Reservationen lebenden Prärieindianer aufgefordert, ihr freischweifendes Leben aufzugeben und sich ein Reservat zuweisen zu lassen. Nur wenige folgten dieser Aufforderung. Selbst bereits in Reservaten lebende Indianer bewaffneten sich und kamen den Präriestämmen zu Hilfe. Eine Streitmacht von 30000 Kriegern versammelte sich, der die amerikanische Armee in einem von vier Seiten geführten Zangengriff im Juni 1876 zu begegnen suchte. Doch Custer griff die Sioux und ihre Verbündeten am Little Bighorn zu früh an. Mehr als 200 amerikanische Soldaten fielen, unter ihnen Custer selber. In einem erbitterten Feldzug hetzte die Armee daraufhin die Indianer von Niederlage zu Niederlage. Ein besonders harter Winter folgte, doch die Angriffe dauerten fort. Schließlich gaben die Sioux auf und ließen sich im Großen Siouxreservat, wie es damals noch hieß, nieder.

Sitting Bull, einer ihrer Häuptlinge und geistigen Führer, ertrug diese Schmach nicht und floh mit anderen «unbotmäßigen» Sioux nach Kanada. 1881 kehrten sie, nahezu verhungert, nach Dakota zurück. Nach zwei Jahren Kriegsgefangenschaft ließ er sich im Standing Rock Reservat nieder. Gegen Ende des Jahrzehnts wurde er zum Apostel der Geistertanz-Bewegung, die den Indianern die Wiederkunft des Bison und die Rückgewinnung ihres Landes versprach. Bei dem Versuch, ihn aus dem Reservat auszuweisen, wurde er am 15. Dezember 1890 von der indianischen Reservatspolizei erschossen.

Die Geistertanz-Bewegung versetzte die weiße Bevölkerung Dakotas und die Armee in Schrecken. Als sich 3000 Indianer im Südwesten Dakotas versammelten, tanzten und von einer goldenen Zukunft träumten, schickten die Amerikaner ihre halbe Armee in das Siouxreservat. Als Big Foot und seine Gruppe von 106 Kriegern und 250 Frauen und Kindern auf Armeeeinheiten stießen, flohen sie nach Wounded Knee im heutigen Pine Ridge Reservat im Südwesten Süddakotas. Dort wurde ihr Lager von der Armee umzingelt, Big Foot und seine Krieger ergaben sich. Als am nächsten Tag, am 29. Dezember 1890, die Waffen der Indianer von stark angetrunkenen Soldaten eingesammelt wurden, fiel ein Schuss. Die meisten der unbewaffneten Krieger und viele Frauen und Kinder wurden in dem nun einsetzenden Gemetzel erschossen. Die Zahl der toten Indianer ist nicht genau bekannt, doch man vermutet, dass es 300 Opfer auf ihrer Seite gab. Die Armee hatte 30 Tote zu beklagen, die alle in «freundlichem Feuer» umgekommen waren. Der Kampf bei Wounded Knee war nach Ansicht der Armee die letzte große «Indianerschlacht», tatsächlich war es das letzte große Massaker an den Indianern Nordamerikas und ihre endgültige Niederlage.

6. Die Indianer heute

Bei Ende der Indianerkriege waren alle größeren indianischen Völker in Reservaten untergebracht, und es begann eine von Regierungsbeauftragten organisierte und besonders durch Missionierung und Beschulung forcierte Politik der Assimilierung. Die Verelendung der Reservatsbevölkerung bewog die amerikanische Regierung, den Stämmen mehr Eigenverantwortung einzuräumen. Was zunächst als eine von Rückschlägen geplagte Politik begonnen hatte, ist Ende des 20. Jahrhunderts auf eine so breite und vermutlich haltbare rechtliche Basis gestellt worden, dass man nun hinsichtlich der Selbstverwaltung der Reservate von weitgehender indianischer Souveränität sprechen kann.

1. Reservate und Gesetzgebung

Bereits 1640 trat Uncas, Häuptling der Mohikaner, einen großen Teil des Stammeslandes an die Kolonie Connecticut ab, ein Restgebiet wurde für die alleinige Nutzung des Stammes «reserviert». Solche vertraglich geregelten Landabtretungen wurden allgemeine Praxis in den britischen Kolonien und später in den USA. 1786 wurde dann das erste offizielle Indianerreservat eingerichtet. Ihr Zweck war es, weißen Siedlern mehr Land zur

Verfügung zu stellen und zugleich die Stämme vor Übergriffen zu schützen. De facto mussten viele Verträge schon nach kurzer Zeit neu verhandelt werden, weil sich Weiße erneut auf Indianerland niedergelassen hatten.

Nach der Umsiedlung fast aller östlichen Stämme in Gebiete westlich des Mississippi ging es in der zweiten Hälfte des 19. Jahrhunderts nun darum, auch den Westen weißer Besiedlung zu öffnen. Also zwang man die dortigen Völker in Reservate. Doch diese waren zu klein, um weiter der traditionellen, meist nomadischen Lebensweise nachgehen zu können. Die Regierung ließ Rationen verteilen, doch bekam sie nur, wer sich bereit erklärte, einen weißen Lebensstil anzunehmen, den Ackerbau und handwerkliche Fertigkeiten zu erlernen, um damit sich und der Familie das Überleben zu sichern.

Zu diesem Zweck verabschiedete der Kongress mit dem *Dawes Act* 1887 ein Gesetz, nach dem jedem Indianer Land zugeteilt wurde, das bei angemessener Nutzung nach 25 Jahren in sein Eigentum überging, womit er zugleich auch die Staatsbürgerschaft erwarb. Doch hatte diese Politik nicht den gewünschten Erfolg, vor allem deshalb nicht, weil bei den meisten Stämmen der Ackerbau als weibliche Tätigkeit galt und daher Kriegern nicht anstand. Das nicht an Indianer verteilte Reservatsland wurde von der Regierung treuhänderisch verwaltet, oft an Weiße verpachtet oder veräußert. Bis 1934 war das indianische Land auf diese Weise von 558 500 km² auf 194 200 km² geschrumpft (jetziger Stand: über 226 600 km², was ungefähr der zehnfachen Größe Hessens entspricht).

1919 erhielten indianische Veteranen die amerikanische Staatsbürgerschaft, 1924 wurde sie allen Indianern verliehen. Ferner begann die Regierung, auf den Reservaten Schulen einzurichten, weil deutlich geworden war, dass mit reservatsfernen Internatsschulen Assimilierung nicht erreichbar war. Der Landverlust durch das Dawes-Gesetz sowie die Verarmung und Verelendung der Reservatsbevölkerung hatten solche Ausmaße angenommen, dass sich die Regierung veranlasst sah, eine Untersuchung in Auftrag zu geben, deren Vorschläge im *Indian Reorganization Act* von 1934 Berücksichtigung fanden.

Die wichtigsten im Reorganisationsgesetz verankerten Änderungen waren die Abschaffung der Landzuteilung, das Verbot des Landverkaufs an Weiße und die Möglichkeit, gewählte Reservats- und Stammesregierungen nach amerikanischem Vorbild zu etablieren. Mit dem Gesetz wurde der Verschlechterung der Lebensbedingungen in den Reservaten Einhalt geboten, doch nach dem 2. Weltkrieg kam es zu einer Neuorientierung der Indianerpolitik, die auf die Auflösung zumindest jener Reservate abzielte, die als weit genug entwickelt galten, um ohne Bundesmittel zu bestehen (*termination*). Parallel dazu ermutigte man die Reservatsindianer zum Umzug in die Städte, wo sie Arbeit finden und dem Staat nicht mehr zur Last fallen würden (*relocation*).

1952 beschloss der Kongress, die ‹Termination› ernsthaft anzugehen. Als erstes sollten alle Reservate in den Staaten New York, Florida, Kalifornien und Texas aufgelöst werden. 1954 wurden dann die ersten Stämme terminiert, unter ihnen die Menominee in Wisconsin und die Klamath in Oregon. Insgesamt waren es nahezu 100. Die Wirtschaftsentwicklung nach Auflösung der Reservate war so katastrophal, dass die Terminationspolitik ab 1958 nicht mehr aktiv verfolgt wurde. Den Klamath und den Menominee aber stand ein vieljähriger Rechtsstreit bevor, ehe die Terminierung ihres Stammes gerichtlich aufgehoben wurde. Einige Stämme haben ihre Wiederanerkennung bis heute nicht erreicht.

Angeregt von den Erfolgen der Black-Power-Bewegung, entstand in den 60er und 70er Jahren ein neues indianisches Selbstbewusstsein, und zwar insbesondere unter den städtischen Indianern. 1968 wurde das *American Indian Movement* gegründet, eine der militantesten indianischen Organisationen. 1969–71 wurde Alcatraz, die Gefängnisinsel in der Bucht von San Francisco, in Besitz genommen, 1972 fanden der Marsch auf Washington und die Besetzung des Amtes für Indianerangelegenheiten statt, 1970 und 1971 wurden Mount Rushmore, das amerikanische Nationaldenkmal in den Black Hills, 1973 Wounded Knee besetzt. Diese Aktionen erregten weltweit Aufsehen und verstärkten in Amerika die Suche nach politischen Lösungen.

Der Tod von Martin Luther King (1968) hatte klar gemacht, dass die ethnischen Konflikte eine innenpolitische Bedrohung für die USA darstellten. Der Gesetzgeber reagierte darauf mit neuen Gesetzen, welche die Rechte der Minderheiten stärkten. 1972 wurde das *Indian Education Act* verabschiedet, das die schulische Erziehung fest in den Reservaten verankerte und damit eine seit längerem gepflegte Praxis bestätigte. 1975 folgte ein Gesetz zur indianischen Selbstbestimmung, das den Stämmen die Entscheidung überließ, an welchen Regierungsprogrammen sie sich beteiligen wollten, eine Regelung, die eigentlich schon das Reorganisationsgesetz von 1934 vorsah.

1978 folgte das *American Indian Religious Freedom Act,* ein Gesetz, das den Indianern die freie Religionsausübung zusprach, doch, da es bei Verstößen keine Sanktionen vorsah, zahnlos blieb. Andererseits nimmt es eindeutig Abschied von der Vorstellung, dass ein Indianer sich zu assimilieren habe, um ein guter US-Bürger zu sein, wenn es feststellt: «Die traditionellen indianischen Religionen sind als integraler Bestandteil indianischen Lebens unentbehrlich und durch nichts zu ersetzen.» Weitreichendere Folgen hatte das 1990 erlassene Gesetz zum Schutz indianischer Gräber und Artefakte; es bestimmt, dass alle mit öffentlichen Geldern ausgestatteten Museen menschliche Überreste, sakrale Gegenstände und Artefakte der indianischen Kulturen katalogisieren und einzelnen Stämmen zuordnen müssen, um dann mit diesen in Verhandlungen über deren Verbleib – in der Regel also über ihre Rückführung und die Wiederbestattung der Gebeine – zu treten. Damit erhalten indianische Friedhöfe und Gräber die Würde, die Europäer für die ihren schon immer in Anspruch genommen haben.

2. Die Reservate heute

Die meisten der nahezu 300, überwiegend von der amerikanischen Bundesregierung eingerichteten Reservate sind speziell für einen einzelnen Stamm reservierte Gebiete. Einige von ihnen sind ausschließlich in Stammesbesitz, die meisten aber sind ein Gemisch aus Stammesland und Land, das einzelnen India-

nern oder Weißen gehört. In den Landreferaten der Stammesregierungen findet man Wandkarten mit schachbrettartig an-
geordneten Mustern, deren weiße Felder weißen und schwarze
Felder indianischen Landbesitz repräsentieren. Weiß überwiegt
fast immer.

Heute hat jeder Indianer das Recht, sich im Reservat seines
Stammes niederzulassen und dessen soziale Leistungen in Anspruch zu nehmen, vorausgesetzt, er besitzt den vom Stamm ge-
forderten «indianischen Blutsanteil» von in der Regel 25 %. Seit
den 60er Jahren ist manche Anstrengung unternommen worden,
durch Industrieansiedlung die wirtschaftliche Lage in den Reservaten zu verbessern, doch mit nur geringem Erfolg. Zumeist
waren die Reservate zu abgelegen und besaßen kaum qualifizier-
te Arbeitskräfte. Oder erfolgreiche Projekte wie die industrielle
Fertigung für die Armee im Fort-Peck-Reservat in Montana mit
über 1000 Beschäftigten mussten nach Beendigung des Kalten
Krieges von heute auf morgen aufgegeben werden. In den meisten großen Reservaten des Westens liegt die Arbeitslosigkeit über
50 %, ja kann sogar 90 % erreichen; 41 % aller Reservatsindianer
lebte 1986 unter der Armutsgrenze; das Durchschnittseinkom-
men einer Reservatsfamilie beträgt 40 % des durchschnittlichen
Einkommens einer nicht-indianischen Familie in den USA; die
durchschnittliche Lebenserwartung liegt bei weniger als 50 Jahren; der Alkoholismus ist immer noch weit verbreitet, obwohl der
Alkoholverkauf in den meisten Reservaten verboten ist.

Fehlende Berufschancen haben viele Indianer bewogen, das
Reservat zu verlassen und in den Städten Arbeit zu suchen. Damit verstärkte sich die kulturelle Entfremdung der «Stadtindianer» von den sowieso schon nicht mehr intakten Stammeskul-
turen. Eine neue, Stammes- wie Stadtindianern gemeinsame
Identität wird befördert durch den Peyote-Kult (*Native American Church*), durch Powwows, zunehmend auch durch den
Sonnentanz, die Schwitzhüttenzeremonie und das Entstehen
einer Mythologie, in der Elemente verschiedener Stammesreli-
gionen zu einem gemeinsamen Mythos verschmelzen.

Eine der wichtigsten Einnahmequellen ist die seit 1990 im *Indian Arts and Crafts Act* geschützte Herstellung von kunsthand-

werklichen Produkten wie Schmuck, Körben, Teppichen und Perlenstickereien. Sie verhilft vielen indianischen Familien zu einem Zusatzeinkommen, wenn auch der Handel mit diesen Produkten im Wert von mehreren 100 Millionen Dollar überwiegend in weißer Hand ist. Eine schnell wachsende Einnahmequelle für die Stammesverwaltungen sind die Gelder aus den in den Reservaten betriebenen Glücksspieleinrichtungen, deren gesetzliche Basis 1988 geschaffen wurde. Spielkasinos wie das Foxwoods Casino der Mashantucket-Pequot in Connecticut können in den bevölkerungsreichen Staaten des Ostens und Mittleren Westens eine üppig fließende Einkommensquelle darstellen, doch in den armen Reservaten des Westens, wo solche Einkünfte am dringendsten benötigt würden, fehlt die weiße Spielerklientel. Zudem könnte eine Gesetzesänderung diese Geldquelle jederzeit zum Versiegen bringen. Kontinuierlich fließen die – allerdings häufig zu niedrig angesetzten – Pachteinnahmen von jährlich über 160 Millionen Dollar aus Rohstoffquellen wie Kohle, Öl, Gas und Uran, Bodenschätzen, die vor allem größere Reservate des Westens besitzen. Viele Reservate betreiben Holzwirtschaft, andere ziehen Gewinn aus der Tourismusindustrie. Dennoch bleiben die einwohnerstarken Reservate auf die schwankenden Zuwendungen angewiesen, welche die Bundesregierung dem Amt für Indianerangelegenheiten (BIA) jährlich zur Verfügung stellt (1,88 Milliarden Dollar im Jahre 1993). Zudem sind in Verträgen verbürgte Wasser-, Jagd- und Fischfangrechte, die dauerhaft Einnahmen garantieren könnten, in vielen Fällen rechtlich noch immer umstritten.

3. Das Amt für Indianerangelegenheiten

Das Bureau of Indian Affairs wurde 1824 als Einrichtung des seit 1786 für Indianerangelegenheiten zuständigen Kriegsministeriums gegründet. 1849 wurde es dem neu geschaffenen Innenministerium zugeordnet, wo es heute noch ist. Über seine Niederlassungen in den Reservaten griff das BIA direkt und nachhaltig in das indianische Stammesleben ein. Das BIA setzte um, was die Regierung entschied: die Umsiedlung in das Indianer-

**Die größten Stämme der USA mit Anzahl
der Stammesmitglieder (Zensus 1990; Selbstzuordnung)**

Cherokesen (Oklahoma)	308 132	Kiowa (Oklahoma)	9 421
Navajos		Delawaren (Oklahoma)	9 321
(Arizona, Neumexiko)	219 198	Schoschonen	
Chippewa (Minnesota)	103 826	(Wyoming, Idaho)	9 215
Sioux (Nord-, Süddakota)	103 255	Crow (Montana)	8 588
Choctaw (Oklahoma)	82 299	Cree (Montana)	8 290
Pueblos (Neumex., Arizona)	52 939	Yakima (Washington)	7 850
Apachen (Arizona)	50 051	Houma (Louisiana)	7 810
Irokesen (New York)	49 038	Menominee (Wisconsin)	7 543
Lumbee (Nordkarolina)	48 444	Ottawa	
Creek (Oklahoma)	43 550	(Michigan, Oklahoma)	7 522
Blackfoot (Montana)	32 234	Ute (Colorado, Utah)	7 273
Chickasaw (Oklahoma)	20 631	Colville (Washington)	7 140
Potawatomi (Kansas, Okla.)	16 763	Yuma (Arizona)	7 128
Papago (Arizona)	16 041	Winnebago	
Pima (Arizona)	14 431	(Nebraska, Wisconsin)	6 920
Tlingit (Alaska)	13 295	Arapaho (Wyoming)	6 350
Seminolen (Oklahoma)	13 797	Shawnee (Oklahoma)	6 179
Athapasken (Alaska)	13 738	Assiniboin (Montana)	5 274
Cheyenne (Montana)	11 456	Pomo (Kalifornien)	4 766
Comanchen (Oklahoma)	11 322	Sank & Fox (Oklahoma, Iowa)	4 517
Paiute (Nevada)	11 142	Miami (Oklahoma)	4 477
Salish (Montana)	10 246	Yurok (Kalifornien)	4 296
Yaqui (Arizona)	9 931	Omaha (Nebraska)	4 143
Osage (Oklahoma)	9 527	Nez Perce (Idaho, Oregon)	4 113

territorium, die Verwaltung und Organisation der Reservate, die Landzuteilung oder die Einrichtung von Internatsschulen fern der Reservate.

Im Jahre 1889 umriss Thomas J. Morgan, Leiter des BIA, die Politik seines Amtes wie folgt: «Die Indianer müssen sich der weißen Lebensweise anpassen, friedlich, wenn möglich, unter Zwang, wenn nötig. ... Unsere Zivilisation mag nicht die beste sein, doch sie ist die einzige, die den Indianern zur Verfügung steht.» Durchgesetzt wurde dieses Ziel durch Zwangsbeschulung und Missionierung. Letztere war dauerhaft nur dort, wo sie mit der Übernahme der amerikanischen Lebensweise einherging. Generell ging es um zwei Ziele: die indianischen Muttersprachen in Vergessenheit geraten zu lassen, indem man den Schülern unter Strafe verbot, diese zu sprechen; und die Macht der Schamanen und Priester zu brechen, indem man versuchte, sie zu isolieren und den Kontakt zwischen ihnen und der Jugend zu unterbinden. Die öffentliche Ausübung von Kulthandlungen wurde verboten und sanktioniert. Diese Schmelztiegelpolitik wurde bis 1934 verfolgt, die freie Religionsausübung gar bis in die 70er Jahren beschränkt.

Heute allerdings besteht die Hauptaufgabe des BIA nicht mehr darin, in den Reservaten eine im fernen Washington konzipierte Politik durchzusetzen, sondern den Stammesregierungen bei ihrer Arbeit zu helfen. Diese mit dem *Indian Reorganization Act* begonnene und in den 70er Jahren des vergangenen Jahrhunderts bestätigte politische Aufgabenzuweisung ging einher mit einer grundlegenden Umschichtung des BIA-Personals: Einst bestand es nur aus Weißen, um 1950 bereits zu etwa 50% aus Indianern, heute sind es weit über 80%, wobei auch die leitenden Funktionen in indianischer Hand sind. Dies hat wesentlich dazu beigetragen, die Spannungen zwischen den Stammesregierungen und dem BIA zu verringern.

Bei seiner Gründung hatte das BIA einen Leiter und zwei Mitarbeiter; heute arbeiten nahezu 13 000 Menschen für das Amt. Es ist zuständig für die 547 gegenwärtig von der Bundesregierung in Washington anerkannten Stämme mit ihren 940 000 Reservatsbewohnern, vergibt 40 000 Stipendien, kümmert sich um 50 000 Sozialhilfeempfänger, hält ein Straßensystem von 36 000 km Länge aufrecht und hat die Aufsicht über die Nutzung jenes Reservatslandes, das von der Bundesregierung verwaltet wird.

4. Die modernen Stammesregierungen

Zur Zeit ihrer Einrichtung lag die Verwaltung der Reservate weitgehend in den Händen des BIA und der von ihm eingesetzten Indianeragenten, eine gleichberechtigte Mitbeteiligung der betroffenen Stämme gab es nicht. Misswirtschaft und Verarmung zwangen die Bundesregierung zum Handeln. Mit dem *Indian Reorganization Act* von 1934 wurden den Stämmen vom BIA erarbeitete Vorschläge für eine ‹demokratische› Stammesverfassung und -regierung vorgelegt. Ihre traditionellen Herrschafts- und Entscheidungsinstrumente hielt man für unzeitgemäß und den neuen Aufgaben nicht gewachsen.

Dies rief bei der Reservatsbevölkerung erheblichen Widerstand hervor. Doch hatte das BIA einen Abstimmungsmodus festgelegt, der Stimmenthaltung als Zustimmung wertete, so dass im kommenden Jahrzehnt 161 Stammesverfassungen und 131 Stammessatzungen mit Billigung des BIA verabschiedet wurden. Dennoch lehnte eine große Zahl von Stämmen die Vorschläge als gegen die eigenen Traditionen gerichtet ab.

Das Ziel der Reform, die Selbstverwaltung der Stämme zu fördern, misslang zunächst, und zwar, weil die Stammesmitglieder Entscheidungen ihrer Stammesräte kaum je ernst nahmen. Erst als sie in den 60er Jahren auch für die Vergabe von Geldern zuständig wurden, änderte sich dies. Heute sind die Stämme in bestimmten Fragen souverän, das heißt, sie verhandeln mit Washington «von Regierung zu Regierung», wie man es nennt, regeln Verfassungsfragen selber und entscheiden über die Stammesmitgliedschaft, die Einrichtung einer Stammespolizei und -gerichtsbarkeit, die Besteuerung der Stammesmitglieder sowie aller auf indianischem Land Wohnenden und Geschäfte Treibenden. Ferner können sie jemanden des Reservats verweisen und Gesetze erlassen, die für alle dort Lebenden Gültigkeit haben. Nur der Kongress kann der Souveränität Grenzen setzen, und er wiederum ist in seiner Entscheidungsgewalt durch die amerikanische Verfassung eingeschränkt.

Doch hatten die neuen Stammesverfassungen mehrere Geburtsfehler, deren gravierendster darin bestand, dass die einzurichtenden Selbstverwaltungskörperschaften keiner Kontrolle unterlagen. Das heißt, eine für ein demokratisches Funktionieren sorgende Aufteilung in eine legislative, exekutive und judikative Gewalt gab es nur in Ausnahmefällen; sie ist selbst heute noch durchaus nicht die Regel. Diese Machtzusammenballung hat immer wieder zu Korruption, Vetternwirtschaft, Wahlbetrug und Missbrauch der Stammespolizei und -justiz geführt, so etwa in bitteren Auseinandersetzungen mit mehreren Toten im Pine-Ridge-Reservat in Süddakota in den 60er Jahren. Die politische und ökonomische Entwicklung der Reservate ist oft über viele Jahre durch derartige Auseinandersetzungen blockiert worden. Juristisch ließ sich das Problem nicht lösen, weil eine vom Stammesrat unabhängige Gerichtsbarkeit kaum je existierte. Erst die Abwahl der Stammesregierung gab den Weg frei für Veränderungen, was aber durchaus nicht immer das Ende von Korruption und Nepotismus bedeutete: die wurden nicht selten zugunsten der ‹neuen Mehrheit› weitergeführt.

Viele Indianer kämpfen heute für eine Änderung der Stammesverfassungen, für die Einführung von Elementen direkter Demokratie – wie sie bei den meisten Stämmen vor der Einrichtung der Reservate üblich waren – und für eine Justizreform, so dass Stammesregierungen für Korruption, Wahlbetrug und andere kriminelle Handlungen belangt werden können. Das Dilemma, in dem die Reformer sich befinden, besteht darin, dass weiße Reservatskritiker ihre Argumente aufnehmen, um die eigenen Privilegien zu sichern. Das erlaubt es Reservatsregierungen, ihre indianischen Kritiker als Handlanger weißer Interessen darzustellen. Die durch Gerichtsurteile und Regierungsentscheidungen gestärkte rechtliche Position der Reservate, besonders aber die hinzugewonnene politische Macht hat unter großen Teilen der weißen Bevölkerung des Westens eine indianerfeindliche Stimmung aufkommen lassen. Diese hat die republikanische Partei des Staates Washington in einer Resolution aufgegriffen, in der die Abschaffung der souveränen Reservatsregierungen und die Auflösung der Reservate gefordert wird. Man glaubt sich ins 19. Jahrhundert zurückversetzt, wenn man hört, dass John Fleming, der Initiator dieser Resolution, öffentlich äußert, man müsse gegebenenfalls den Widerstand der Stämme durch Armee und Luftwaffe, Marinesoldaten und Nationalgarde brechen.

Bibliographie

Albers, Patricia, & Medicine, Beatrice, Hg., *The Hidden Half: Studies of Plains Indian Women* (Lanham, 1983)

Axelrod, Alan, *Chronicle of the Indian Wars: From Colonial Times to Wounded Knee* (New York, 1993)

Barnes, F. A., & Pendleton, Michaelene, *Canyon Country: Prehistoric Indians* (Salt Lake City, 1979)

Beck, Peggy V., & Walters, Anna L., *The Sacred: Ways of Knowledge, Sources of Life* (Tsaile, 1977)

Bitterli, Urs, *Alte Welt – neue Welt: Formen des europäisch-überseeischen Kulturkontakts vom 15. bis zum 18. Jahrhundert* (München, 1986)

Crompton, Samuel Willard, Hg., *Illustrated Atlas of Native American History* (Edison, 1999)

Deloria, Vine, Jr., *God Is Red* (New York, 1973)

Driver, Harold, *Indians of North America* (Chicago, 1961, ²1969)

Fagan, Brian M., *Das frühe Nordamerika: Archäologie eines Kontinents* (München, 1993)

Feest, Christian F., *Beseelte Welten: Die Religionen der Indianer Nordamerikas* (Freiburg i. Br., 1998)

Feest, Christian F., Hg., *Kulturen der nordamerikanischen Indianer* (Köln, 2000)

Garbarino, Merwyn, *Native American Heritage* (Prospect Heights 1976, ²1985)

Gill, Sam, *Native American Religions: An Introduction* (Belmont, CA, 1982)

Gregonis, Linda M., & Reinhard, Karl J., *Hohokam Indians of the Tucson Basin* (Tucson, 1979)

Harrod, Howard L., *Renewing the World: Plains Indian Religion and Morality* (Tucson, 1987)

Hirschfelder, Arlene, & Paulette Molin, *The Encyclopedia of Native American Religions: An Introduction* (New York, 1992)

Horowitz, David, *The First Frontier: The Indian Wars and America's Origins, 1607–1776* (New York, 1978)

Hoxie, Frederick E., Hg., *Encyclopedia of North American Indians* (Boston, 1996)

Hultkrantz, Åke, *The Religions of the American Indians* (Berkeley, 1979)

Hultkrantz, Åke, *Native Religions of North America* (San Francisco, 1987)

Hurtado, Albert L., & Iverson, Peter, Hg., *Major Problems in American Indian History: Documents and Essays* (Lexington, 1994)

Josephy, Alvin M., Jr., *Now That the Buffalo's Gone: A Study of Today's American Indians* (New York, 1989)

Kopper, Philip, *The Smithsonian Book of North American Indians: Before the Coming of the Europeans* (Washington, 1986)

Lindig, Wolfgang, & Münzel, Mark, *Die Indianer: Kulturen und Geschichte der Indianer Nord-, Mittel- und Südamerikas* (München, 1976)

Martin, Calvin, *Keepers of the Game: Indian-Animal Relationships and the Fur Trade* (Berkeley, 1978)

Martin, P. S., & Wright, H. E., Hg., *Pleistocene Extinctions* (New Haven, 1967)

Müller, Klaus E., *Schamanismus: Heiler – Geister – Rituale* (München, 1997, ²2001)

Perdue, Theda, & Green, Michael D., Hg., *The Cherokee Removal: A Brief History with Documents* (Boston, 1995)

Rountree, Helen C., *The Powhatan Indians of Virginia: Their Traditional Culture* (Norman, 1989)

Trigger, Bruce G., *The Huron: Farmers of the North* (New York, 1969)

Trigger, Bruce G., et al., Hg., *Le Castor fait tout: Selected Papers on the Fifth North American Fur Trade Conference* (Montreal, 1987)

Trigger, Bruce G., & Washburn, Wilcomb E., Hg., *The Cambridge History of the Native Peoples of the Americas*. Bd. 1: *North America*, Teil 1 & 2 (New York, 1996)

Utley, Robert M., *The Indian Frontier of the American West 1846–1890* (Albuquerque, 1984)

Utter, Jack, *American Indians: Answers to Today's Questions* (Lake Ann, 1993)

Register

C.H.BECK ■ WISSEN

in der Beck'schen Reihe

Zuletzt erschienen: